松本 剛徹

3つのステージを突破する6つの戦略

ゼロから 年商 10億円 企業を創る

ぱる出版

はじめに「年商10億円という山をどう登るのか？」

■会社の成長には３つの大きな壁がある

この本の目的は、「ゼロから起業をして、年商10億円企業を創り売却する方法」を、あなたに理解していただくことです。

会社の成長は、山登りに似ています。

山登りの際には、まず、どの山に登るのかを決めます。その山の高さによって、準備するべきことや、登山途中に予想される困難・課題は違ってきます。富士山を登るのとエベレストを登るのとでは、準備がまったく違うように。

会社も同じで、どれくらいの会社にするのか目標を決め、そこを目指して経営していくことが大切です。そして、会社が大きくなるにつれて、いろいろな困難や課題が降りかかってきます。その課題や困難に応じた適切な対策があり、事前に準備しておくことでうまく対処できます。

経産省の調査によれば、全国の企業のうち97％以上を中小企業が占め、その中小企業のなかでも、年商10億円を超える企業は約５％です。つまり年商10億円を超えれば、日本でもトップクラスの山に登ったといえます。

この年商10億円超えを１つの目標にしている経営者も多いでしょう。

しかしこの大きな山を目指して登っていくと、３つの壁にぶつかります。**年商1億円の壁、5億円の壁、10億円の壁**です。これを乗り越えないと山頂にたどり着けません。

この３つの壁は、業種業界やビジネス分野に関係なく、共通して立ちはだかります。

その壁をどう乗り越えていけばいいのか？　これを知ることが、頂上を目指す経営者には必要です。

予測される困難や課題を知っていれば、事前に準備して早く対処できます。それが結果的に、最速で年商10億円企業を創ることになります。

そこで本書では、**私自身が実際に年商10億円という山を登って経験してきたことや、実践してうまくいったこと、失敗したことをお伝えしていきます。**

■経営の実践でつかんだリアルなノウハウを提供

ここで簡単に自己紹介をさせてください。

大学卒業後、大手ＩＴベンダーに採用された私は、システムエンジニアの仕事に就きました。しかし自分に向いていないと判断し、２年後にＩＴベンチャーに転職。そこでインターネットマーケティングの業務に携わりました。

折しも当時はスマートフォンが普及し始めた頃。これからモバイルマーケティングのニーズが高まると確信した私は、半年でその会社を辞めて個人事業として起業。ところが最初はうまくいかず、生活費のために深夜バイトをしたこともありました。

２０１１年に株式会社リアルネットを設立してからは、ビジネスが軌道に乗り、１年目に年商５５００万円を稼ぎ出しました。その後はさまざまな困難を迎えながらも成長し、２０１９年に年商10億円を突破、数億円（非公表）で売却しました。

またこの会社のほかにも多数の事業を立ち上げ、事業売却も3回ほど経験しました。

現在は、広告運用代行事業やＡＩ（人工知能）関連事業など複数のビジネスを展開し、経営する会社の年商は合計で30億円を超えています。

このように私は、起業家として成功も挫折もたくさん経験してきました。

その経験を生かして本書では、コンサルタントが語る机上の空論ではない、会社を成長させるためのリアルな経営ノウハウを包み隠さずに公開していきます。

第1章では、年商10億円突破に向かう3つのステージの全体像をお伝えします。そのうえで、

第2章で、年商0~1億円の【幼少期】における経営戦略

第3章で、年商1~5億円の【青年期】における経営戦略

第4章で、年商5~10億円の【成人期】における経営戦略

について、各ステージでやるべき「ビジネスモデル」「商品企画」「セールス・マーケティング」「資金調達・財務戦略」「採用・組織・チームづくり」「経営者の思考とマインドセット」の視点から解説します。

■出口としてのM&Aを目指す

また第5章では、出口戦略として会社・事業を売却する方法を説明します。

会社の出口は主に3つ。IPO（上場）・M&A（売却）・継承のいずれかです。日本ではM&Aに対してまだまだネガティブなイメージがありますが、アメリカでは当たり前の選択肢として認識されており、起業家の多くはIPOよりも売却をゴールに設定しています。

最近の傾向として、売却先に多いのはGAFA（グーグル、アマゾン、フェイスブック、アップル）です。**IPOをするよりもそれらの企業に売却したほうが、巨額のキャピタルゲインを得られるからです。**

今後、日本でもその潮流は起こると予想しています。

年商10億円企業をゼロから創って、会社を売却するまでの一連の流れを体験すれば、また別のビジネスで起業した時に、最速で成長させられるようになります。

一度クリアしたロールプレイングゲームを再度プレイすれば、簡単にクリアできるのと一緒です。会社の起業から売却までのプロセスも繰り返し経験すれば、成功確率は高まり、スピードは上がっていきます。

本書のノウハウを知れば、年商10億円企業や年商10億円のビジネスを何度も創り上げることができるようになります。

そしてその力は、経営者として、あるいはリーダーとして大きな武器になります。その道筋と方程式をあなたにお伝えしていきます。

私と同じような連続起業家を増やせば、さまざまな面白いビジネスが生まれ、ひいては日本経済の活性化にも貢献できる。そんな思いで本書を執筆しました。

本書が悩める起業家の道しるべとなることができれば幸いです。

松本　剛徹

ゼロから年商10億円企業を創る
3つのステージを突破する6つの戦略　目次

第1章 ゼロから年商10億円企業を創る

第2章 年商0〜1億円【幼少期】の経営戦略

第3章 年商1〜5億円【青年期】の経営戦略

第4章

年商5～10億円【成人期】の経営戦略

第5章 会社売却M&A 【卒業期】の出口戦略

第1章

ゼロから年商10億円企業を創る

企業の成長ステージによって社長の仕事は変わっていく

■企業の成長には３つのステージがある

第1章では、年商10億円超の企業を創るためにどんな段階があるのか、そのために必要な「6つの要素」とは何か、私自身が苦労したところはどこだったのかなど、大まかな流れや考え方の部分を説明していきます。

《年商10億円企業までの3つのステージとゴール》

●ステージ１：年商０～１億円【幼少期】↓第２章
●ステージ２：年商１～５億円【青年期】↓第３章
●ステージ３：年商５～10億円【成人期】↓第４章
●ゴール：会社売却・事業売却【卒業期】↓第５章

年商10億円を超える企業になるまでには、右の3つのステージがあります。それぞれのステージで、異なる問題・課題が経営者を待ち構えています。各ステージの壁を乗り越えなければ、ゴールに到達することはできません。

そして各ステージにおいて経営者が考えるべき6つの要素として、「ビジネスモデル」「商品企画」「セールス・マーケティング」「資金調達・財務戦略」「採用・組織・チームづくり」「経営者の思考とマインドセット」があります。

たとえば「ビジネスモデル」なら、ステージに応じて異なる課題があり、異なったアプローチで立案する必要があるということです。

なお会社のゴールはいくつかありますが、本書では「M&A（会社売却）」をゴールと設定しています。

M&Aはどの段階の会社でもできますので、第5章で具体的な方法を解説します。

私の場合、IPO（株式上場）を目指していたものの、途中でM&Aに路線変更をしたため、売却活動では非常にバタバタしてしまったという反省があります。

本来なら、起業する最初の段階からM&Aを想定して、組織体制や財務内容を少しずつ整えていくのがスムーズなやり方です。

そのため、将来会社を売却したいと考えている経営者は、第5章の内容もきちんと把握したうえで、会社の成長戦略に取り組むことをおすすめします。

■会社は飛行機。機体が変われば、操縦方法も変わる

会社が成長ステージを駆け上がっていく飛行機だとしたら、社長はパイロットです。

初期のステージで乗る飛行機は、小型機やセスナ機で、コックピットは小さい。そのため、見るべき指標は少なく、すべて目視で確認できる程度です。また、コックピットの窓から外がよく見えるので、風景を見ながら機体を操作できます。

しかし飛行機が大きくなるにしたがって、操縦は次第に複雑になります。10億円企業といえば、ジャンボジェット機を動かすような状態になってきます。

ジャンボジェットの操縦は、窓から見える風景を確認しながらハンドルを動かすような、簡単なものではありません。

計測器もスイッチも無数にあり、1人では操縦できないため副操縦士もいます。会社も同じで、社長の右腕となる参謀が欠かせませんし、社長が確認しなければならない指標は

たくさんあり、たとえ社長がいなくなっても会社を動かしていくための仕組みが必要です。

小型機・セスナ機からジャンボジェット機へと、乗りこなす機体が変わっていく段階で、操縦の仕方や見るべきポイント、起こり得る問題も変わってくるわけです。

操縦する飛行機を段階的に大きくしていき、最後にうまく着陸させるために、本書をマニュアルとして使いこなしてください。

各ステージで起こりがちな課題

■ステージ1で起こりがちな課題

1〜3の各ステージでは、それぞれどんな課題があるのでしょうか。私の経験や周囲の経営者から聞いた「あるある話」をまとめると、次のような課題が挙げられます。

《ステージ1：年商0〜1億円【幼少期】でよくある課題》

・商品やサービスがなかなか売れない。
・売上が上がっても利益が全然残らない。
・創業資金が底を突きそうでヤバイ。
・社長だけが忙しく労働集約的になっている。
・人を採用するのが怖かったり抵抗がある。

・眠れないほど不安に駆られることがある。
・1億円の壁がなかなか越えられない。

たとえば、商品・サービスが売れない、利益が残らない、という課題。スタートアップ期といわれる段階では、商品がそもそも売れないか、売れても利益が残らないということは多々あります。その結果、資金が底を突き、廃業に至るケースもあります。

また、社長だけが猛烈に働くことで売上を上げているのも、このステージの特徴です。社長がビジネスモデルを考え、商品企画もセールスも行い、財務、資金調達などあらゆることを1人で担っています。しかし人を採用するには抵抗感がある、というのもこのステージの特徴です。

私がかつて売却した会社も同じでした。私自身が猛烈に働いたものの、それ以上、売上は伸びないという事態に陥りました。

そこで取った施策が、ビジネスモデルの転換です。

この会社では当初、スマホによる集客やマーケティングのコンサルティングサービスを私1人で提供していました。またスマホサイト制作や広告運用も請け負っていました。

しかし、顧客に対して1対1でサービスを提供するそのスタイルだと、マンパワーに限界があり、売上の大幅な拡大は望めません。社員を採用したとしても、一人前に育つまでに時間がかかります。

そこで、**「1対1」ではなく「1対多」、つまり私1人で多くの顧客に対応できるサービス体系にビジネスモデルを変えました。**

具体的には、スマホのマーケティングを学べる講座をつくって提供することで、サービスを届ける範囲を拡大。さらに、その講座を受講した方のなかから、希望があれば個別にコンサルティングを提供するようにしました。

当時スマホ集客のノウハウを求める人たちが非常に多かったこともあり、結果として数回の講座で400人以上の受講生を集めることができました。

このようにビジネスモデルを見直したことで、創業第1期に年商5500万円だったのが、第2期に年商2・2億円へと大きく飛躍する結果となりました。

■ステージ2で起こりがちな課題

次に、ステージ2で起こりがちな課題を挙げてみましょう。

《ステージ2：年商1～5億円【青年期】でよくある課題》

・良い人材がなかなか採用できない。
・チーム連携がうまくいかない。
・評価制度や賃金制度がない。
・社長が頑張っても売上が伸びない。
・第二、第三の商品がヒットしない。
・マーケティング施策が単一的になっている。
・新規事業を立ち上げたいがネタがない。

このステージの企業は、ある程度順調に事業が育ち、年商1億円を突破しているものの、伸び悩むことが多くなります。

多様な集客経路を確保する

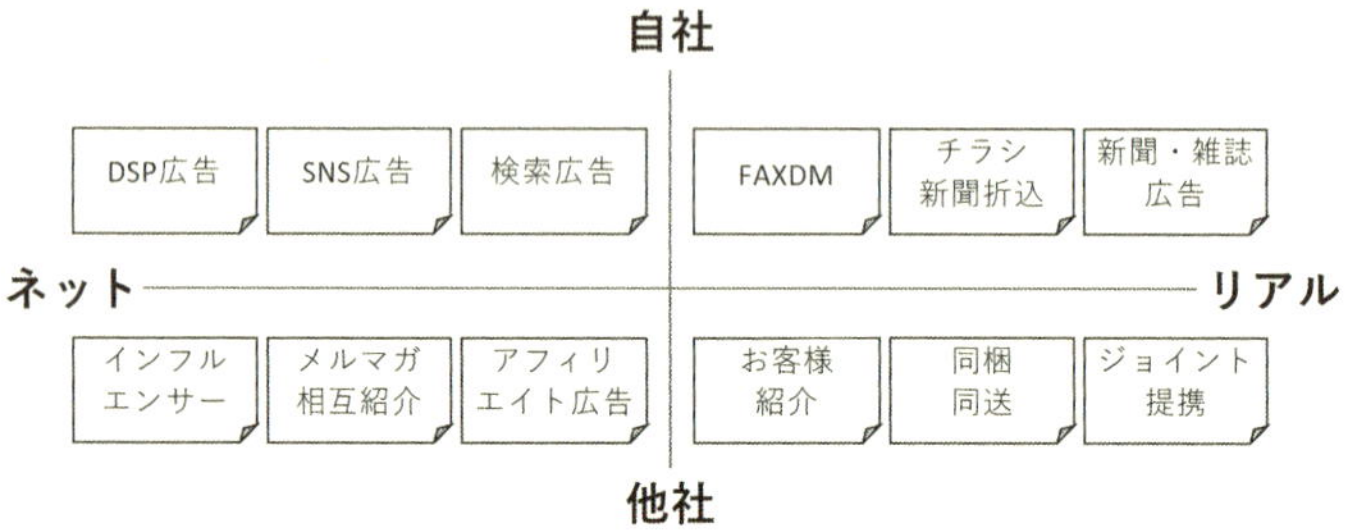

そこで起きている問題の多くは、人に関することです。いい人材が採用できなかったり、チームの連携がうまくいっていなかったりします。

また、創業期の商品・サービスは売れたものの、それに続く第二、第三の商品・サービスが登場せず、新規事業が育たないというのもこのステージの特徴です。

そこで、成長を停滞させないための仕組みをつくらなければなりません。

集客の柱を複数確保することも、必要な施策です。

上の図をご覧ください。これは企業が利用できるさまざまな集客手段を、「ネット／リアル」「自社／他社」に分類してマトリックスに配置したものです。

縦軸の「自社」というのは、自社がコントロールしてできる集客手段で、「他社」は自社でコントロールすることが難しく、他社への依存度が高い集客手段です。

これらのうち、もしあなたの会社に集客手段が1つしかなければ危険です。一本足打法では、その一本が倒れたら、ほかに集客手段がなくなってしまうからです。2つめ、3つめの集客手段を確保しておく必要があります。

たとえばSEO対策ばかりにこだわっていた場合、グーグルのSEOのアルゴリズムが変わってしまったら、いきなり検索結果上位から除外されて、これまでの努力がすべて吹っ飛んでしまうといったことが起こり得ます。

1つの集客経路に頼るとリスクが集中してしまいます。**リスクを分散するためにも、広告予算の1、2割を使って、常にほかの新しい集客経路を試す**ようにしてください。

そして、**常に3つ以上は集客の柱を確保する**ようにしてください。

■ステージ3で起こりがちな課題

年商5億円を突破すると、経営が安定する一方、また別の課題が出てきます。

《ステージ3：年商5〜10億円【成人期】でよくある課題》

・売上が毎年横ばいになっている。

・右腕や左腕と呼べる人材がいない。
・古参社員と新参社員が揉めている。
・チームが1つにまとまらない。
・会議で発言をするのは社長ばかり。
・社長が節税対策ばかりを気にしている。
・仕事が人に依存してしまって仕組み化できていない。

ステージ3では、たとえば売上の低迷が起こりがちです。一昨年6億円、昨年7億円、今年6億円……というふうに同じところをうろうろとしてしまい、今一つ突き抜けられない踊り場状態です。

また、社長の右腕・左腕となってくれる人材が育っていない、もしくは右腕に裏切られるという問題も起こりがちです。私も右腕と考えていた社員に裏切られるという、つらい経験をしました。そのような問題を招かないためにも、このステージでは、**採用方法を変えて、人材の質を高めていくことが重要**になります。

古参社員と新参社員との間で対立や派閥争いみたいなものが起こることもあります。大切な時に仕事をよく知っている人材が辞めてしまい、大混乱が起きるというトラブルもよくあります。

そのような事態になっても困らないために、組織や業務プロセスを強化・改善していく必要があります。

会議では社長1人が独演会のように発言して、ほかの社員はそれを聞いているだけ。そんな状況がよくあります。社長だけでなく、ほかの社員にも活躍してもらわなければ、このステージを突破することはできません。

このステージの会社をさらに成長させていくためには、「仕事が人に依存する状態」を脱却し、仕組み化する必要があります。仕組み化することができれば、誰が仕事をしても、誰が辞めてもきちんと会社が回るようになります。

またステージ3では、会社売却に向けた準備を本格的に始める必要もあります。

年商10億円企業を創るのに必要な6つの要素

■すべての土台は思考とマインドセット

幼少期から成人期までの各ステージにおいて、経営者が検討すべき要素として、「ビジネスモデル」「商品企画」「セールス・マーケティング」「資金調達・財務戦略」「採用・組織・チームづくり」「経営者の思考とマインドセット」の6つがあります。

まず「ビジネスモデル」ですが、これはゼロからイチをつくる時だけでなく、売上を伸ばしていく時にも重要になります。新しいビジネスモデルを考えたり、既存のビジネスモデルを組み換えたりすることが必要になるのです。

「商品企画」は、どんなコンセプトの商品・サービスをつくるかということ。これはどのステージにおいても、次々と挑戦していく必要があります。

「セールス・マーケティング」についても、継続的な取り組みが必要です。ステージによって課題が変化してくるので、課題や予算に合わせた施策を実施することが大切です。創業期、「資金調達・財務戦略」は、ステージによって大きくやるべきことが異なります。創業期、いわゆる年商1億円までの資金調達や財務戦略も大変ですが、年商が大きくなっても違ったかたちで資金調達・財務戦略の問題が出てきます。

次に「採用・組織・チームづくり」。年商が大きくなり、人を雇ってチームで会社を回していく時に、必ずいろいろな問題が起きます。人材や組織は経営者にとってもっとも悩みの大きい問題といえます。

最後は「経営者の思考とマインドセット」です。**6つの要素のなかでも、すべての土台になるものがこの「経営者の思考とマインドセット」**です。

会社のステージごとに、社長に求められる思考・マインドセットは異なります。

そして、社長の思考とマインドセットの転換がなければ、会社は壁を越えて大きく成長できません。裏を返せば、会社が停滞している時、そのボトルネックは経営者自身にあるということ。これは私自身も痛感したことです。

そして、苦労しながらも何とか壁を乗り越え、年商10億円の会社を創っていくなかで、自分自身が人間として磨かれた側面もあると感じています。

各ステージの思考・マインドセットの解説にも目を通し、ぜひ実践してください。

経営者の器で、会社の規模は決まる

■社長の仕事は「Do」から「Check」へ

よく、「社長の器で会社の規模が決まる」といわれますが、これは本当だと思います。

社長の器とは具体的に何でしょうか。

能力・スキル、ビジョン、コミュニケーション力、人脈、度胸、根性など、いろいろな要素が考えられますが、思考・マインドセットがその大きな要素といえるのではないでしょうか。

たとえば、ステージ3の会社においては、「部下を信頼しても信用しない」という思考・マインドセットが必要となります。

部下を信頼して仕事を任せるべきだけれども、その仕事がちゃんとできているのかどうかは、社長が責任を持ってチェックをするということです。

ステージ1や2の時のように、社長自らがPDCAサイクルのP（企画）とD（実行）を担っているのでは、会社はいつまでたっても大きくなりません。

ステージ3になったらPやDは社員に任せ、社長はC（チェック）をする役割に変わらなければなりません。

現場の業務は基本的にスタッフが取り組み、それを厳しい目で確認するのが社長の仕事になってくるわけです。

自分でやったほうが早い、チェックが苦手、チェックなんて面倒くさいと考えている社長は、そのマインドを切り替える必要があります。


部下に任せる姿勢は、部下を育成する意味でも重要です。

さまざまな仕事を任せてたくさん失敗させ、経験を積ませないと社員は成長しません。そして任せた以上、失敗したからといって怒らずに、できた部分に着目して褒めてあげることが大事です。

「何でこんな失敗をしたんだ！」「これは誰の責任ですか？」などと責めていては、部下は萎縮して挑戦できなくなってしまいます。そういった意味でも、「器」の大きさが求められます。

もちろん会社が傾くような致命的な失敗はしないように、社長が手綱を握っておく必要はありますが、現場での業務は思い切って部下に裁量を与えてください。

そのようにしてスタッフを育てて、組織全体でパフォーマンスを発揮できる状態にしていかなければ、会社は大きくなりません。

社長1人の力では、いくら頑張っても年商10億円を超えられないと自覚してください。

第2章

年商0〜1億円

【幼少期】の経営戦略

01

1億円を超えるためのビジネスモデルの創り方

■時流に乗ったビジネスをしよう

年商0～1億円の「幼少期」にある企業が、年商1億円を突破するために、ビジネスアイデアを見つけて、儲かるビジネスモデルを創り上げる方法を考えてみます。

まず、世の中のビジネスは大きく分けて、「個人や企業の課題を解決して対価をもらう」か、「個人を楽しませて対価をもらう」のどちらかに集約されます。

ＢｔｏＢにせよ、ＢｔｏＣにせよ、この2つしかないということ。旅行・観光やエンタメ分野は後者にあたり、そのほかの大部分は前者といっていいでしょう。

大前提として、この2つのどちらで進めていくのかを確認してください。

また、新しくビジネスを考えるのなら、「時流に乗ること」にこだわるべきです。

流れるプールのなかで、流れに身を任せて泳ぐのと、流れに逆らって泳ぐのとでは、前者のほうが圧倒的に楽。ビジネスも同じで、流れに乗るほうが成功しやすくなります。

たとえば2021年現在、盛り上がっているキーワードは、「AI（人工知能）」「VR／AR」「IoT」「フィンテック」「HRテック」「暗号通貨・ブロックチェーン」「5G」など。古くからある商品・サービスを、これらの新しいテクノロジーとかけ合わせて、商品・サービスを進化させるという発想で考えてみてはどうでしょうか。

たとえば、「AI」なら、医療とかけ合わせることでAI画像診断サービスが考えられます。「VR／AR」なら、スポーツ観戦とかけ合わせることで、新しいスポーツ観戦のスタイルを提供できるかもしれません。

その時の狙い目は、歴史が長く変化に乏しい業界です。そういった業界にテクノロジーを持ち込むことで、新しいビジネスモデルを打ち立てることができます。

AIやIoTなどの技術を持っている会社でなくとも、新しいビジネスモデルを創ることはできます。周辺産業に目を向ければいいのです。

1848年頃にアメリカで起きた「ゴールドラッシュ」で、一番儲けたのは、一獲千金を狙ってやってきた採掘者ではなく、その採掘者にジーンズを販売したリーバイスでした。

そこから学べることは、大きな流行や潮流の中心部分を攻めるのではなく、その**周辺産業に着目することが手堅いビジネスチャンスになる**ということです。

たとえば昨今盛り上がる「ＡＩ」「ＩｏＴ」「フィンテック」などを手がける企業に共通する課題は、エンジニア不足です。この課題を解決するサービスを提供すれば成功する可能性が高いといえます。

■儲かる市場の３条件

ビジネスアイデアを見極める時に私が大事にしているのは、儲かる市場かどうかです。儲かる市場には次の３つの原則があります。

①顧客がお金を持っている市場
②熱狂もしくは悩みが深い市場
③継続性やリピートがある市場

①は何も富裕層向けビジネスということではありません。富裕層は人口における割合でいえばごく一部であり、パイが小さい。そのパイを奪い合って事業を拡大するには限界があります。

富裕層相手でなくとも、顧客がお金を払ってくれる市場であればいいわけです。たとえば「病気」は誰にとっても深刻な悩みであり、お金を使いやすい分野です。また、マニアが多いコレクションやアイドル市場もお金が落ちやすい分野といえます。これらは、「②熱狂もしくは悩みが深い市場」という条件も満たしています。

「③継続性やリピートがある市場」も重要。一度きりよりも継続的に提供できたほうが、ビジネスは安定します。今風に言えば、サブスクリプション（定額料金でモノや機能の利用権を提供するビジネスモデル）型ビジネスですね。**現在サブスク型ではないビジネスをサブスク型にできないか検討してみる**のもいいでしょう。

■ビジネスモデルを考えるフレームワーク

ビジネスアイデアをビジネスモデルに落とし込んでいくうえで役立つのが、次のページの「ビジネスモデルキャンバス（ＢＭＣ）」です。『ビジネスモデル・ジェネレーション』

年商０～１億円

ビジネスモデルキャンバス

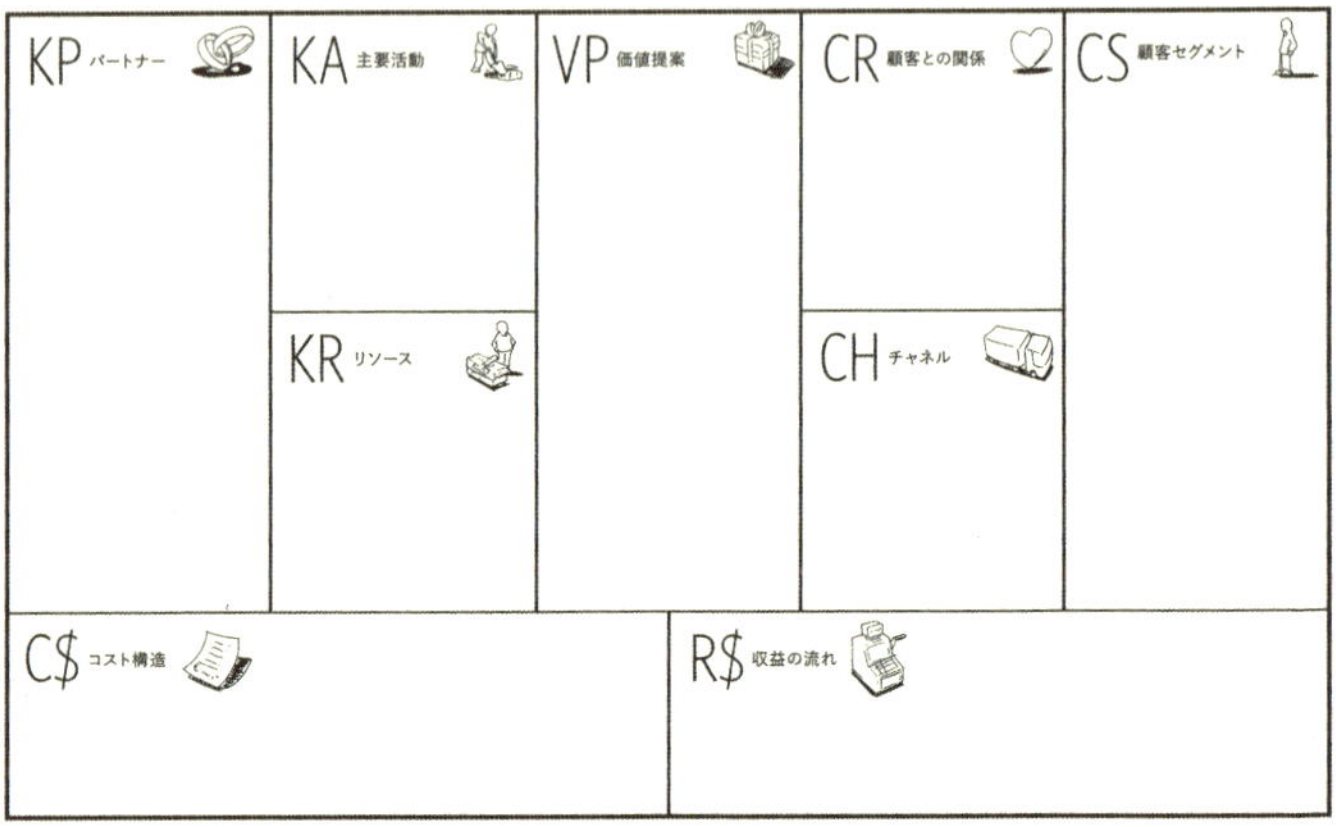

出典：『ビジネスモデル・ジェネレーション　ビジネスモデル設計書』（アレックス・オスターワルダー、イヴ・ピニュール 著、小山龍介 翻訳／翔泳社）

●顧客セグメント：企業が関わろうとする顧客グループ
●価値提案：提供する製品やサービス
●チャネル：顧客にどのように価値を届けるか
●顧客との関係：顧客とどのような関係を結ぶか
●収益の流れ：生み出すお金の流れ
●リソース：ビジネスの実行に必要な資産
●主要活動：企業が行う活動
●パートナー：サプライヤーとパートナー
●コスト構造：事業を運営するためのコスト構造

という本で紹介され、幅広く活用されるようになりました。

ビジネスモデルとはひと言でいえば、「儲かる仕組み」。ではその儲かる仕組みはどんな要素で成り立っているのか、それを明確にするのがこのキャンバスの役割です。キャンバスの各項目を埋めれば、あなたのビジネスモデルはどんなものかが一目でわかります。

これを全部埋めたからといって、そのビジネスが成功するとは限りません。本当に儲かるビジネスモデルかどうかは、テスト検証してみなければわからないからです。テスト検証して、想定と違った点を分析し、またキャンバスを書き直す。その繰り返しでビジネスモデルをブラッシュアップしていくといいでしょう。

■フロントエンド・バックエンド設計

ビジネスモデルを考えるうえで、非常に有効な戦略の1つが、フロントエンドとバックエンドのモデルです。

フロントエンドは顧客を集めるためだけの商品。それに対してバックエンドは収益を出すための商品です。たとえば健康食品の通販では、フロントエンド商品として、格安あるいは無料でサンプル商品を提供します。顧客にそれを試して気に入ってもらい、バックエ

フロントエンド・バックエンド設計

例	フロント商品（集客商品）	バックエンド商品（収益商品）
スーパー	特売の卵・セールの野菜など	粗利の高い精肉製品など
通販	お試し商品・サンプル商品	定期購入での本品など
ファーストフード	100円コーヒー	粗利の高いハンバーガーなど
居酒屋	ハッピーアワーのドリンク	粗利の高いおつまみ商品など

一番売りたいものは一番最後に売るのがポイント

ンド商品を購入してもらったり、定期コースに加入してもらったりする作戦です。

スーパーだったら、卵や野菜などをその日限定の特価で提供するのも、フロントエンド商品といえるでしょう。フロントエンド商品は赤字でも、その商品目当てで来店した顧客が結局ほかの商品も買っていくので、トータルでは収益を確保できることになります。

人目を引く商品で顧客を集めて、本命の商品で収益を確保するというのは商売の鉄則です。フロントエンド・バックエンド設計はさまざまな業種で有効なので、ぜひ活用を検討してください。

■フリーミアムのモデル設計

フロントエンド・バックエンド設計と近いもの

に、フリーミアムがあります。フリーミアムとは、基本的なサービスを無料で提供し、特別な機能やカスタマイズされた付加価値サービスは有償で提供するというもの。大きく以下の3つのモデルがあります。

①商品・サービスを無料で提供して、他の商品の購入を促進するモデル
②利用する顧客から代金をもらうのではなく、企業や第三者がコストを負担するモデル
③商品・サービスを基本無料にして、プロ版などのアップグレードで課金するモデル

フリーミアムの設計をする時には、課金率や購入率が収益の鍵を握ります。無料で提供する商品・サービスは、優良顧客の獲得コストとして投資している部分ですから、購入率が獲得コストと見合っているかどうかはシビアにチェックする必要があります。

たとえば通販なら、無料商品を提供後、有料商品を購入してくれる人の割合は20％が1つの目安とされています。買ってくれる人がそれ以下だとビジネスが成り立たないということです。

02

億を超えるヒット商品を生み出す方法

■売れる商品企画の４手法

売れる商品企画の立案方法として、私が提唱している４つの方法をご紹介します。

●売れる商品企画① 「ホンマでっか!?企画」

思わず「本当?」「ウソでしょ?」と疑いたくなるような商品を考える企画法です。

一例として**「正反対のものを結びつける」**があります。

少し前にヒットした、『もし高校野球の女子マネージャーがドラッカーの『マネジメント』を読んだら』（岩崎夏海 著／ダイヤモンド社）というビジネス書がいい例です。野球部の女子マネージャーとドラッカーという正反対のベクトルのものを結びつけることで、意外性で目を引き、成功した例といえます。

多くの人が常識としていることを把握して、その常識を覆す、「ホンマでっか⁉」と言いたくなるような企画を考えると、良い商品・サービスになる可能性があります。

●売れる商品企画②「売れている商品の不平・不満解決企画」

現在参入している、あるいはこれから参入したいジャンルにおいて、まず一番売れている商品を探し、ベンチマークしましょう。

売れている商品であっても、ユーザーはどこかに不平不満を持っています。その不平不満を徹底的に改善した商品を企画すれば、売れる可能性が高いといえます。

たとえば、「眼鏡」の不平不満は「運動しづらい」「こめかみが痛い」「見た目が悪い」などでした。それを解消するために、「眼鏡を目のなかに入れたら」という発想でハードコンタクトレンズが生まれました。

さらに、ハードコンタクトレンズの「割れやすい」を解消するべくソフトコンタクトレンズが生まれ、さらに「手入れが面倒」を解消するべく使い捨てコンタクトレンズが生まれました。

このようにして、不平不満を起点に新商品カテゴリーを考えてみてください。

●売れる商品企画③「□□の○○と言えば××企画」

質問です。ハンバーガーといえば？……「マクドナルド」と答える人が多いのではないでしょうか。

これと同じように、「○○といえば△△」を自社イメージとして確立し、ユーザーの脳内検索結果1位を狙うことが商品企画においては大切です。

ただしハンバーガー市場のように、すでに圧倒的トップがいる市場に参入したい時は、もう一ひねりする必要があります。

それが、「□□の○○と言えば××」。この「□□の」の部分が差別化要素です。

たとえば「世界一高いハンバーガーといえば？」。この質問をされた時に多くの人が共通認識として持っている答えがなければ、その市場は開拓の余地があります。

かつての私の会社では、「スマホの集客といえば松本剛徹」を確立することを狙いました。そこで、『ゼロから始めるスマートフォン集客術』（興陽館）を出版。これによりスマホ集客の専門家というイメージを確立でき、たくさんの仕事を獲得できました。

●売れる商品企画④「新しい言葉やカテゴリーをつくる」

新しい言葉やカテゴリーをつくることは、商品開発において有効です。

「宅配便」と「宅急便」、どちらも宅配サービスのことですが、「宅急便」はヤマト運輸の商標です。同社は「1個でも集荷」「翌日配達」といったサービスの特徴を表す言葉として「宅急便」をつくり、その結果、この名称は広く認知されるようになりました。

私がかかわったものでいえば「瞬読」があります。

従来の速読術より速く読めることを強調するために「瞬読」と名付けて、商標も取得。『1冊3分で読めて、99%忘れない読書術　瞬読』（山中恵美子 著／SBクリエイティブ）は10万部を超えるベストセラーとなり、瞬読講座も多くの受講生を集めています。

当然ながら新しい言葉を打ち出す際は、既存のカテゴリーよりも、より良いというイメージが瞬時にわかる言葉や造語にすることが大切です。

■ヒット商品企画の9つのチェック

次のページの表は、『アイデアのちから』で紹介されている6つの原則（1～6）に独自の3項目（7～9）を加え、作成したものです。

この9つのチェックリストに1つでも多く当てはまる商品を企画できれば、その商品はヒットする確率が高くなります。アイデア出しの際にぜひ活用してください。

ヒット商品企画９つのチェックリスト

1	**単純明快であるか？**	商品・サービスを簡潔に一言で説明すると、それはどんなものなのか？　簡潔に説明できない商品・サービスは売れない。
2	**具体性はあるか？**	その商品やサービスを利用することで何％良くなるのか、何カ月で良くなるのか？　短期間、大幅アップなどの曖昧な表現では良さが伝わらない。
3	**意外性はあるか？**	商品・サービスに、あっと驚くようなコンセプトや企画要素が入っているのかどうか。ありきたりだったり、従来の通りでは売れる商品にはならない。
4	**信憑性があるか？**	その商品・サービスを利用した方の声はあるか。商品開発者が有名であったり、権威があったりするのか？　信用できない商品やサービスは誰も買わない。
5	**感情に訴えているか？**	その商品・サービスを利用するメリットを明確に訴求できていて、顧客がそれを魅力的に感じられるのか。心を揺さぶられるかどうか。
6	**物語性はあるか？**	商品・サービスが誕生するまでの開発秘話や開発するきっかけとなったストーリーがあるのかどうか。
7	**大逆転ストーリーはあるか？**	その商品やサービスを利用した顧客のシンデレラストーリーがあるかどうか。利用前と利用後で劇的に変わった顧客が１人でも多くいることが重要。
8	**共通の敵がいるか？**	多くの人が不満に思っていること、嫌だなと思っていることは何か？　ライバル商品やサービスにおける欠点の中で、「そう、そう、そうなのよ！」と共感できる要素が大事。
9	**ためらいがちなヒーロー感はあるか？**	「本当は公開したくなかった」「業界から非難される覚悟でリリースした！」など、顧客から見た時にヒーローのように感じられる要素を作る。

参考：『アイデアのちから』（チップ・ハース、ダン・ハース著、飯岡美紀 訳／日経BP）

■３C分析でヒットを生み出す

自社や競合、顧客を分析して、今後の企業戦略を考えるフレームワークが「３C分析」です。これはビジネスモデル創りや商品企画、セールス・プロモーションなどいろいろなシーンで活用できます。

３Cとは、「自社（Company）」「競合（Competitor）」「顧客（Customer）」の頭文字を取ったもの。それぞれを分析し、３つの視点で優位性を発揮できる要素を見つけます。

分析にあたっては、順序が重要です。具体的には次の順で分析を進めます。

①顧客分析……見込み客が持つ悩みの内容、悩んだ期間、悩みの深さを分析する。

②競合分析……参入したい分野やジャンルにおける競合の商品・サービスが、どんなターゲットにどのような方法・価格帯で訴求をしているかを分析する。

③自社分析……自社の商品やサービスの強みを分析する。

最初に顧客の悩みやニーズを調べるということ。そのうえで、その悩みやニーズに対し

3C分析を商品開発やアイデア発想に生かす

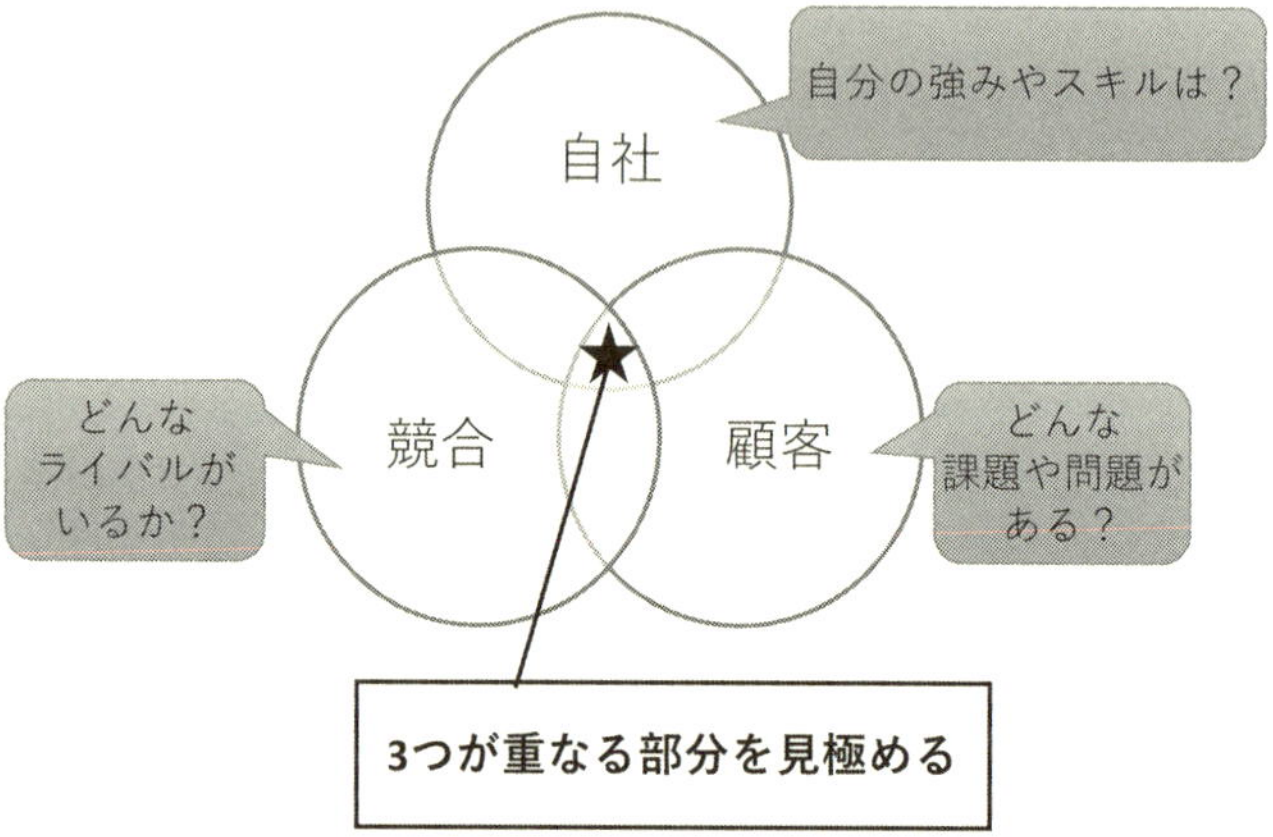

てアプローチしている他社製品にはどんなものがあるかを分析する。そして最後に、自社として差別化するのならどういうことができるかを考えるというステップです。

よくある間違いが、自社の強みから分析して、強みを生かす商品・サービスは何だろうと考えてしまうこと。それでは競争に勝てませんし、顧客のニーズとマッチしているかどうかもわかりません。まずは顧客の悩み・ニーズありきで考えてください。

ここでは顧客分析の簡単な方法をご紹介しましょう。

「ヤフー！知恵袋」などの**Q&Aサイトで検索し、ユーザーがどんな悩みを持っているのかを調べる**方法です。

たとえば、ダイエットに関する商品を考えているのなら、ダイエットに関連するワードで検索し、多い悩みを調べます。1つのワードでは範囲が広すぎる場合は、いくつかのワードを組み合わせ、悩みのジャンル・範囲を絞り込みながら分析していきます。

もし「夏までに○kgだけ痩せたい」という悩みが多く見当たるのであれば、それを解決する商品・サービスはヒットする可能性があります。

なお、無料のQ&Aサイトには業者のサクラが混じっていることも多いので、文章をチェックする際は注意してください。

コストをかけられる場合は、有料のアンケート調査サービスを使う方法もあります。有料アンケートでは、顧客の悩みのもっと深いところを探ることができます。詳しくは、第3章で解説します。

03 1億円の壁を一気に越えるセールス・マーケティング戦略

■売れるコピーライティングには法則がある

セールスやマーケティングにもいろいろな手法がありますが、すぐにできて効果的な手法が、コピーライティングにこだわることです。

ＬＰ（ランディングページ）、セールスレター、パンフレットなど、ほとんどの広告宣伝媒体において、伝達する情報の主体は文章（コピー）です。コピーの内容によって、問い合わせがあるかないか、買ってくれるかくれないかが決まります。

しかし、難しく考える必要はありません。コピー全体の構成やキャッチコピーには決まった型があり、それに沿って制作するだけで効果的な広告媒体ができるからです。

コピーライティングのフレームワークには、たとえば次のようなものがあります。

《AIDAの法則》

Attention（注目：キャッチコピーで読者の注目を集める）
Interest（興味：リードコピーや、ボディコピーの最初で読者の興味・関心を高める）
Desire（欲求：読み手の欲求を刺激する）
Action（行動：購入、申し込み、問い合わせなど、読み手を行動させる）

ＡＩＤＡの法則は、人が商品を知り、購買するまでのプロセスに合わせてコンテンツを構成することで、読み手の心理をコントロールして行動に結びつけるフレームワーク。

たとえばこれをＬＰに使うなら、まずキャッチコピーで注意を引き、リードコピー（キャッチコピーを補完する文章）やボディコピーの冒頭で、読者の興味・関心を高め、「これは欲しい」「やってみたい」と思わせるメリットや情報を提供して欲求を刺激し、最後に購入・問い合わせボタンで行動を促す、といった流れになります。

同様の法則に「ＱＵＥＳＴの法則」「ＰＡＳＯＮＡの法則」などがあり、いずれもコピーライティングの型として効果的です。書籍などを参考にコピーを制作してみてください。

■セールスレターの構成

メールなどで送るセールスレターにおいても、効果の高いパターンは決まっています。

まず、キャッチコピー。これはセールスレターの一番上にあるタイトルのこと。ここをわかりやすく、興味を引くように書くことが大切です。キャッチコピーだけで説明しきれない部分は、その下のサブコピー、リードコピーで補完します。

ボディコピーでは、「こんなことでお困りではありませんか？」「こんなことに苦労していませんか？」というかたちで読み手の共感を呼び、欲求や悩みを明確にします。

そのうえで、商品を使ったメリットを提示。そのメリットを強化するために、お客様の声を載せます。ここまできてやっと商品の特徴を説明します。マスコミで掲載された例などを証拠として見せるとさらに説得力が高まります。

クロージングコピーでは、価格のお得感や、特典、返金保証などを説明して、畳みかけていきます。人数・数量などを限定することも、購入意欲を高めることにつながります。

そして最後に、注文ボタンを押してもらうという流れです。

■売れるキャッチコピーの簡単公式

コピーのなかでも、最も読者の目を引き、重要なポイントとなるのがキャッチコピー。キャッチコピーにもいくつか型があります。たとえば、次のようなものです。

●売れるキャッチコピー簡単公式①

「引き」「特徴」「説明」の要素を入れる

「引き」とは、読み手の興味を引くような強いアピール要素。「特徴」はその商品の優位性の部分。そして「説明」は、商品についての解説です。この3要素が入っていると、興味を引きやすいキャッチコピーになります。

●売れるキャッチコピー簡単公式②

「○○でお悩みの方へ」「○○でお困りの方へ」

これはシンプルですが有効です。○○の部分は具体的に書く必要があります。たとえば、「ニキビでお悩みの女性へ」ではなく、「あごニキビでお悩みの女性へ」というように、よりピンポイントにターゲットを絞ることが大切です。

●売れるキャッチコピー簡単公式③

「なぜ、○○すると、××できるのか？」「もし、あなたが○○すれば、××できます」

○○の部分には商品・サービスを、××の部分にはメリットや求める姿を入れます。

たとえば、「なぜ、○○を使うとたった3カ月で売上がアップできるのか？」といったコピーを読むと、「どうすればそんなことができるの？」と知りたくなるわけです。

■ウェブ広告の正しい手順

セールス・マーケティング戦略を実践するうえで、ウェブを中心的な手段として利用している企業は多いでしょう。ウェブ広告は、手軽にできて効果が高いものから順に進めることが大事です。具体的には次の順で進めるようにします。

⓪サジェスト対策（勝負キーワードでサジェスト対策する）
①検索広告（グーグルとヤフーでリマーケティング・リターゲティングも実施する）

② Facebook広告（類似ターゲティングとリターゲティングの2つが有効）
③アフィリエイト広告（報酬単価・承認率・CVRの3つが肝）
④SEO対策（検索広告で売れたキーワードで対策）
⑤DSP・アドネット（記事ページを挟んで広告を実施する）
⑥Twitter広告（月1万円程度のオートプロモートからでも良い）
⑦YouTube広告（動画クリエイティブの制作が鍵）

各広告についての詳細な説明は省きますが、順序はこのように進めてください。サジェスト対策、検索広告、Facebook広告などを実施したうえで、余力があればアフィリエイト広告やSEO対策を実施していくという流れになります。YouTubeは盛り上がっていますが、時間とコストがかかるので、最終手段として考えればいいでしょう。

■まずはCVRの基準値を知る

広告を実施した時に、その効果を評価する指標として最も重要なのがCVR（コンバージョンレート、コンバージョン率）です。

サイトのＣＶＲがどれくらいになるのかは、サイト上でユーザーに求める行動、オファーによって異なってきます。自社のサイトではどのくらいを目指すべきか、その基準値を知っておくことは非常に重要です。

ユーザーに求めるアクション別の一般的なＣＶＲは以下の通りです。

・購入　1%
・資料請求・無料相談　2%〜5%
・メルアド登録　7%〜10%

たとえば「購入」させるためのサイトなら、100人が見たら、そのうちの1人は購入してくれることを目指しましょう。そのために、コピーライティングや、この後に説明するＬＰの設計を試行錯誤してください。

■売れるＬＰの構成と流れ

インターネット閲覧者が広告や検索エンジンのリンクをクリックした時に、最初にたどり着くページをランディングページ（ＬＰ）と呼びます。

サイトに訪れた閲覧者を目的の情報へと導き、商品やサービスの購入、会員登録、資料請求などの行動（コンバージョン＝CV）に結びつけることがLPの大切な役割。

売れるLPにも、次のページの図のように決まった型があります。

ファーストビューは、パソコンでもスマホでも、ページを開いた時に最初に見える画面のこと。人はスマホで最初に表示されるファーストビューを、Z軸の流れで見ています。そのZ軸の四つ角のうちの3つに、商品・サービスの特徴や、権威付けになる要素（売上ナンバー1、30日間返金保証、テレビで紹介されたなど）を入れることがポイントです。

人物写真を入れる場合は、候補をいくつかピックアップして、多くの人が「嫌い」という印象を抱かない人を採用します。

ファーストビューの下に続くコンテンツとしては、「権威」があります。先ほども説明した権威付けになる内容を、もう少し詳しく書きます。

「問題」とは、「こんなことで悩んでいませんか？」という問題提起のこと。その問題の原因を「論理」で解説し、続けて「解決策」として商品・サービスを提案します。

そして「商品の特徴」を解説し、「顧客の声」を使って説得力を持たせた後、「オファー」で畳みかけます。オファーとは、「今申し込めば○割り引き！」といった特典を提示することです。そして最後に、購入・申し込みフォームで具体的な「行動」につなげます。

このような流れに沿って効果的なLPを設計してください。

売れるファーストビューとLPの構成は？

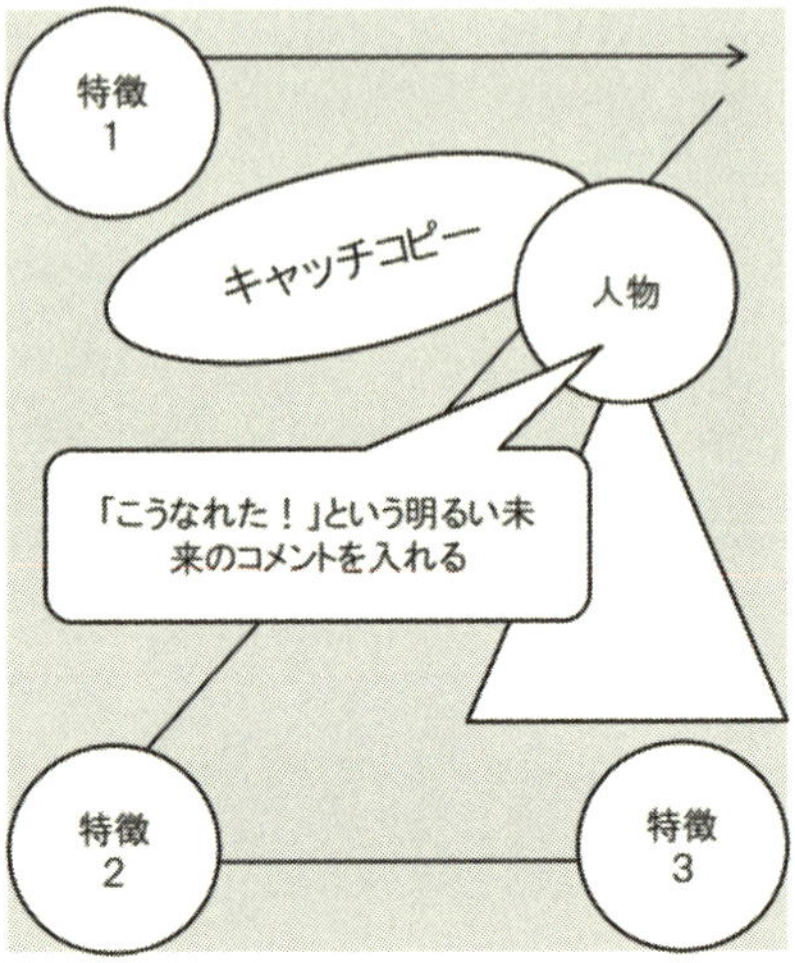

LPの構成
F ：first View（ファーストビュー）
A ：authority（権威）
P ：problem（問題）
L ：logic（論理）
S ：Solution（解決策）
C ：characteristic（商品の特徴）
U ：user voice（顧客の声）
O ：offer（オファー）
A ：action（行動）

04

お金がない創業期での資金調達のイロハ

■デット・エクイティの両面で考える

1億円の売上をつくるためには資金の確保も重要なポイントです。創業期における資金調達について考えます。

資金調達には、大きく分けて「デット」と「エクイティ」の2つがあります。デットは銀行などからお金を借りること。借りたお金なので返済する義務があります。エクイティは、ベンチャーキャピタル（VC）などに出資を受けること。VCには対価として自社株を渡します。エクイティは返済の義務がありませんが、株式の希薄化につながります。つまり、株を渡しすぎると、経営における大事な決定を社長1人でできなくなるということです。

デットとエクイティ、両方をうまく組み合わせながら調達を検討してください。具体的には次のような調達方法があります。

●新創業融資制度

日本政策金融公庫の融資制度です。3000万円まで、無担保・無保証で融資を受けることができます。ただし、「創業後、決算2期を終えていないこと」「雇用の創出を伴うこと」「融資額の10分の1の自己資金を確保していること」などの要件があります。

●自治体の独自の新規創業融資制度

都道府県や市区町村が、新規創業事業者に融資をしてくれる制度です。日本政策金融公庫の新創業融資制度と同様に、有利な条件で融資を受けることができます。

●クラウドファンディング

多くの人からお金を集めるのがクラウドファンディング。いくつかの種類がありますが、たとえば「購入型」は、企業が商品や新サービスを開発したい時に、資金を支援してくれる人をインターネット上で募ることができます。支援してくれた人には対価として、開発した商品・サービスを提供したりします。「CAMPFIRE（キャンプファイヤー）」などが有名です。

ほかに、少額のお金を多数の投資家から集める「融資型」、ファンドを通じて資金を集める「ファンド型」、エンジェル投資に近い「株式投資型」などもあります。

●VC・CVCからの資金調達

VC（ベンチャー・キャピタル）に株式を発行し、資金を調達する方法もあります。VCにも、独立系、地域特化型、大学政府機関系、金融機関系など、いろいろあります。各社に得意分野があり、創業間もない「シード期」を得意としているVCもあります。

事業会社が運営しているVCは特に、CVCと呼ばれます。CVCは自社の事業とのシナジーを狙って企業に出資します。出資される企業としては、その事業会社のノウハウ獲得や販売チャネルの活用など、お金だけではない部分のメリットが得られます。

●エンジェル投資家からの資金調達

エンジェル投資家とは、シードやアーリーステージの会社に出資する投資家のこと。出資をお願いするには、まずピッチコンテストや交流会などのイベントでエンジェル投資家と知り合いになる必要があります。そのうえでプレゼンをして、出資を打診します。

できれば有名なエンジェル投資家から資金を調達したほうが、宣伝効果が期待できます。「あの人が投資をしているのなら期待できそうだ」と雪崩式にお金が集まることがあるからです。また、その投資家が持つ人脈の活用にも期待したいところです。

これはという人がいるなら、無償で株を提供するのもいいでしょう。そうすることで、「あの人に応援されている企業です」というかたちで対外的なアピールに使えるからです。

■創業期の役員報酬と賞与設定

創業時に、社長自身に支払う役員報酬をどのように設定するべきか、悩む人もいるかもしれません。

まず基礎知識として、役員報酬は事業開始時から3カ月以内なら変更できます。そして一度決めたら、決算が終わるまでは変更できません。もし1年目に高く設定してしまい、途中で払えなくなった場合、「未払い」にする方法もあります。ただ、未払いでも翌年の住民税は発生するのでおすすめはしません。最初から高すぎない額に設定するべきです。

具体的にどのくらいに設定すればいいかというと、**想定する税引き後の利益から逆算で算出する**ようにします。

最初の決算を終えた段階で、会社の税引き後利益がこれくらい残ると予測して、その額から役員報酬の受取額を逆算するということです。

なお役員報酬を低い額に設定しておき、決算が終わる月に「事前確定賞与」を支払うという方法もあります。ただしこの場合、税務署に「いつ、いくら支給する」と事前に届け出する必要があります。

■税理士選定のポイント

法人を設立したら、決算・確定申告、各種届け出などの業務を税理士に依頼します。

創業期はお金に余裕がありませんから、顧問料ができるだけ安い税理士を選びたくなりますが、価格だけで選ぶと痛い目を見ることもあるので注意が必要です。

たとえば資金調達などについて相談しても、有益なアドバイスができない税理士もいます。そもそも税理士というのは、税金のプロであって、経営や資金調達のプロではありません。したがって資金調達に詳しくなくても何ら不思議はないのです。

一方で、金融機関に強いパイプがあり、資金調達のノウハウも熟知している税理士もいます。そういった人に顧問を依頼すれば、ファイナンス面からサポートを受けられます。

　また、会社経営を始めると、何年かに一度、必ず訪れるのが税務調査です。この税務調査の時に、うまく対応してくれる税理士を選ぶ必要があります。

　うまい税理士は、普段から、税務調査に入られた時のために理論武装した帳簿づくりをしてくれますし、実際に調査に入られた時には、調査官と戦って交渉を有利に進めてくれます。しかし、安い税理士には税務調査への上手な対応は期待できません。顧問料が安い税理士は、言わばただの帳簿作成代行業です。

　税理士報酬の金額も大事ですが、**資金調達や税務調査への対応など、どんなサポートをしてくれるかもきちんとチェックして、税理士を選ぶ**ようにしましょう。

　また、個人の確定申告も一緒に頼める税理士だと、税金を最低限に抑えるための役員報酬の設定についても相談に乗ってもらえます。

05 外注パートナーや副業人材を活用したチームづくり

■外部の力をフル活用する

年商0～1億円の幼少期の会社では、社長が1人で営業から人事総務から何でもやっている、という状況がよくありがちです。

そうなると肝心の本業に注力することができず、事業がなかなか伸びません。バックオフィス業務など人に任せられる業務は積極的に任せることが大事です。

とはいえ社員やパート・アルバイトを採用するほどではない、という場合は、外部の力を利用しましょう。具体的には、次のような方法があります。

●秘書代行サービス

秘書代行というと電話代行だけのようなイメージもありますが、営業事務・ライティング・人事総務・経理・顧客対応など、幅広い業務に対応可能なサービスもあります。こういったサービスを利用すると、面倒なバックオフィス業務を一手に引き受けてもらえます。

専門の代行業者を探すのもいいですし、ランサーズやクラウドワークスといったクラウドソーシングサイトで、在宅ワーカーを探すのもいいでしょう。

秘書とはメールやチャットでやり取りします。オンラインストレージの「グーグルドキュメント」や電子契約の「クラウドサイン」といったクラウドサービスをフル活用すれば、ペーパーレスで仕事ができ、秘書とのやり取りもすべてオンラインで完結できます。

●副業・複業人材

副業が解禁されつつある昨今、大企業に所属している優秀な人材に、副業として業務をお願いできる時代になっています。

たとえば、ビジネス版マッチングアプリ「Anotherworks」(aw-anotherworks. com)などのサービスを利用してみると、そういった人材を探すことができます。

副業として携わってもらい、一緒に仕事をするなかで、相性が良ければ口説いて採用する方法もあります。大手企業に在籍している人材は情報や人脈が豊富なので、採用できれば非常に大きな戦力になります。

もちろんなかには、能力が低く、ただお小遣いを稼ぎたいだけの人もいるので注意してください。

●人材派遣会社

人材派遣会社を利用するのも1つの手です。カスタマーサポートや顧客対応、デザイン制作などクリエイティブな仕事は、派遣社員を活用するのに適した業務といえます。

人材派遣を依頼する際は、たくさんの人材のなかから少しでも優秀な人に来てもらうために、複数の人材派遣会社に声を掛けるのがいいでしょう。

優秀な派遣社員は、その後に正社員にすることを見据えて、「紹介予定派遣」で契約するようにしましょう。

派遣社員の採用時は、履歴書や職務経歴書などで審査しますが、実際の勤務態度や能力は書類ではわかりません。したがって、まず1カ月で契約して働きぶりを見て、良ければ3～6カ月契約に延長するという方法をとるといいと思います。

■起業したい人材を正社員にする

外注や人材派遣ではなく、正社員が欲しいというケースもあるでしょう。そのような場合、起業願望を持っている人材を採用することがおすすめです。

創業期はスピード感を持った、意識の高い人材が必要なフェーズです。残業も厭わず、仕事内容の好き嫌いも言わずにガムシャラに働く、馬力のある人が求められます。

起業願望がある人は、そういった働き方に最適です。給与や待遇面よりも、スキルや知識を吸収できることを優先して会社を選んでくれるからです。

そんな人をどう探すか。あなたがブログやメルマガなどで情報を発信しているのであれば、そこで「弟子募集」という体裁で集めるのが有効です。私自身もそのような人材を採用したことがあります。その人は大活躍してくれて、実際に起業していきました。

採用媒体で募集をかける際は、「将来は独立や起業ができる」というキャリアプランを示してあげるといいでしょう。

注意したいのは、採用後に活躍してくれたからといって、その人に重要な役職やポジションを与えないことです。重要なポジションを与えたのに突然独立されたら、職場が混乱してしまいます。ポジションを与える場合は、独立の意志をまだ持っているのか、よく確認したうえで判断するようにしましょう。

■幼少期におすすめの採用プロセス

実際に私の会社で実施していた正社員採用のプロセスは以下の通りです。

①書類選考（転職回数と期間をチェック）
②適性検査（ストレス耐性を重視）
③1次面接（社長がMVVを熱く語る）
④2次面接（幹部や責任者が業務説明）
⑤最終面接（評価制度と条件面の説明）

まず書類選考では、転職回数をチェックします。短期間で転職を繰り返している人はどこかに問題があるので、書類段階で落とします。

次に適性検査を行います。書類や面接でわかることはごく一部ですが、適性検査では、その人の性格や秘めた能力を見抜くことができます。特に見るべき項目はストレス耐性です。ストレス耐性が低い人は、仕事で少し負荷が掛かると、メンタル不調になったり問題を起こしたりしてしまうからです。

おすすめの適性検査は、株式会社スカウターの「不適正検査スカウター」です。1人当たり千円以下で「採ってはいけない人材」を見定めることができます。

適性検査を経て、いい人材がいたら社長による1次面接を行います。最初の面接から社長が出ていくのは、幼少期の会社においては、**自社のMVV（ミッション、ビジョン、バリュー）を創業者自らが熱意を持ってアピールすることが大事**だからです。その結果MVVに共感を持ってもらえたら、2次面接で幹部が業務内容の説明をします（なおMVVの策定については、第4章154ページで詳しく述べています）。

最終面接では、評価制度と条件面の説明をして、合意が取れたら採用決定です。

また、実際の採用にあたっては試用期間を必ず設けるようにしてください。書類選考や面接でいい人材だと思っても、実際に働いてみると違った、というケースがあるためです。

試用期間はできれば6カ月にして、その間は契約社員扱いにし、6カ月後に正社員に転換します。そうすると厚労省の「キャリアアップ助成金」の要件に当てはまり、57万円の助成が受けられるからです。

06

創業期を乗り越えるために必要な社長のマインドセット

■負の感情を上手に利用する

経営に必要な6つの要素のうち、最も大事なのは根底にある思考・マインドセットです。「社長の器以上に会社は大きくならない」との言葉どおり、社長が変わらなければ年商1億円の壁を突破することはできません。創業期に必要な思考・マインドセットをお伝えしていきます。

最初は、「負の感情を上手に利用する」です。

起業する理由は、「お金を稼ぎたい」「社会の役に立ちたい」など人それぞれですが、もし、「あいつを見返したい」「あのむかつく会社をぶっ倒したい」などの理由を持っているのであれば、その負の感情を上手に利用しましょう。

ゼロイチの時期は本当に大変なことばかりです。面倒くさいこと、想定外なことばかりが起こり、くじけそうになります。そんな時に、この負の感情が支えになります。ですから最初の段階は、決して人に言えないようなことでもいいので、負の感情を仕事に向かう原動力にしてください。

もちろん会社が大きくなっていく段階で、負の感情だけでは乗り越えられない壁がやってきます。そうなった時にはじめて心を入れ替えてください。

■人と同じことは絶対にやらない

人と同じことをやりたがる人は起業家には向きません。みんなが右と言っている時に、あえて左に行こうとする人が、世の中を変えていく人だと思います。

同じ業界のトップにいる会社のビジネスモデルを真似すれば、そこそこうまくいくかもしれませんが、飛び抜けて成功することはありません。

ビジネスで生き残るための大原則は、「他社がやりたがらないことをやる」か、「他社にできないことをやる」のどちらかです。みんなと同じことをやっていたら、同じくらいか、それ以下の成果しか出せないのです。

これは普段の生活から意識する必要があります。たとえば、ほかの人が遊んでいる時には自分は遊ばないで事業計画を練ったりスキルを磨いたりする。あらゆることで、「差別化」「人と違うこと」を意識することが大事。それが結局、商品やサービス、ビジネスモデルの差別化にもつながるはずです。

■死ぬこと以外はかすり傷

起業家の多くは多額の借金を背負ってビジネスを始めます。失敗すれば当然、借金が返せなくなります。

それ以外にも、販売した商品に大きなトラブルがあったり、ライバル会社と揉めて訴えられたり、信頼していた人に騙されたりと、いろいろな事態に見舞われる可能性があります。特に会社の幼少期においてはトラブルがつきものです。

そんないろいろなことが起きますが、結局のところ、命まで取られることはないんです。死んだらそれでお終いですが、死ななければ何度でも再起はできます。「死ぬこと以外はかすり傷」「何とかなるさ」の精神で思い切ってチャレンジしましょう。

■「なぜ？」と「どうすれば？」だけを常に自分に問い続ける

トラブルやうまくいかないことがあった時に、悩んだりイライラしたりするのではなく、「なぜそれは起こったのか？」「なぜ、防げなかったのか？」などと「なぜ？」を繰り返し自分に問いかけるようにしてください。そうすることで、原因を深掘りでき、本質に迫ることができます。

一方、解決策を見出すには「どうすれば？」が有効です。「どうすればこれがもっとうまくいくんだろう」「どうすればよかったんだろう」「どうすればこの状況を打破できるんだろう」と。

「なぜ？」「どうすれば？」は最強の質問です。繰り返し自分に問いかけることで、未来へつながる道筋を見つけることができます。

■絶対に友人と一緒に起業しない

起業する際に友人を誘う人がいますが、おすすめしません。

確かに友人とは気が合うし一緒にいて楽しいので、一緒にビジネスができたら楽しそう、うまくいきそうと思ってしまいますが、実際にはうまくいく例はほとんどありません。

会社の組織は基本的にピラミッド構造で、誰かが社長をやる必要があります。代表者が自分だったら、友人は部下になります。すると横に並んでいた友達関係が、縦の関係になってしまう。これによって2人の関係がぎくしゃくするようになります。

私自身も大学時代の友人を会社に引き入れて一緒に仕事をしたものの、結果的に友人関係も壊れてしまうという失敗をしました。

一番いけないのは、50対50で株を持ち合うパターンです。会社の大事な意志決定をする際に、意見が割れて決められない「デットロック状態」になる可能性があるからです。

■「思考→行動→結果」の「思考」を真似る

「思考」があるから「行動」が生まれ、その行動を取ったことで、何らかの「結果」が出ます。この3つのうち大事なのは「思考」です。

たとえば、自分がモデルにしたい年商10億円の会社があるとします。年商10億円という「結果」にたどり着くまでには、経営戦略という数々の「行動」があります。

年商0～1億円

そんな「行動」は外部からも見えやすいので、自分も真似して実践することができます。しかし、同じようにやったとしても、別の市場、別の商品・サービスでビジネスをしているのなら、うまくいくとは限りません。だから、同じような「結果」も得られないのです。

野球の素人がイチロー選手と寸分違わないバッティングフォームができるようになっても、メジャーリーグで活躍できないように、行動だけ真似しても成功はできません。

ビジネスの世界でもよくありますね。たとえば、売れている商品のLPをそのままパクって、自社のLPをつくるといった方法です。それだけでもある程度は成果が出るかもしれませんが、爆発的に成果を出すことは難しいでしょう。見て真似できる範囲のことは、誰でもできることだからです。

大事なのは、なぜそのようなLPをつくったかという「思考」の部分です。**「How（どう）」や「What（何を）」ではなく、「Why（なぜ）」に注目する**ということです。

「なぜそれをやろうと思ったのか?」「なぜそうしたのか?」「なぜその意思決定をしたのか?」……と「なぜ?」を追求してみてください。「なぜ?」を追求することで、結果を出している人の思考を吸収することができます。また、結果を出している経営者や尊敬している経営者に直接話を聞いて、その思考に触れるのもいいでしょう。そのほうが小手先の戦略を学ぶよりもよほど効果があります。

第3章

年商1〜5億円

【青年期】の経営戦略

01 ビジネスモデルを再設計して年商を倍にする方法

■新規事業は既存事業の強みを生かして

この章からは、年商1~5億円（青年期）の企業に必要な戦略を解説していきます。

このステージに到達したら、さらに次のステージ（年商5~10億円）へと向かうために、既存事業の拡大を図りつつ、新規事業の創出にも挑戦しましょう。

新規事業開発のポイントは、本業の強みが生かせる事業や、本業と一緒にやることでシナジー効果がある事業を選ぶことです。

たとえば私の場合は、スマホマーケティング事業で創業しました。そして実績を積んだ後、化粧品や健康食品の通信販売事業を新規事業として立ち上げました。

スマホが普及すればするほど、スマホを使ってネットショッピングをする人が増えるし、スマホマーケティング事業とのシナジーも高いと考えたからです。具体的には、自分たちで商品を仕入れてネットショップを開設し、得意のスマホ集客を使って販売しました。

ネットショップで化粧品がたくさん売れるようになると、そこに注目した同業の化粧品販売会社から問い合わせが来るようになりました。そして、スマホ集客事業の顧客になってもらうという流れも起きました。

このように、２つの事業が相互にシナジーを発揮し合う状況が理想です。

大企業でもこのような事業展開はよく行われています。たとえば富士フイルムは、独自のフィルム技術を応用して化粧品を開発し、化粧品事業で成功を収めました。

既存事業の強みが生かせて、既存事業とのシナジーが生まれる分野で、新規事業を考えるようにしましょう。

■ 新規事業は必ずテストマーケをする

新規事業を始める際には、テストマーケをすることが大切です。

いくら既存事業の強みを生かせる分野を見つけたところで、実際に成功するかどうかは、やってみないとわかりません。いきなり大規模にチャレンジしてしまうと、コケた時のダメージも大きくなります。そこで、事前のテストマーケが重要になります。

たとえば新商品を売るなら、テスト的に予約注文や予約販売を実施します。その際、販売用のLPをつくり、数万~数十万円の広告費を使って広告を出して集客します。

テスト販売で予約や問い合わせがたくさん入るようなら、売れる可能性がある商品と考えて、本格的な販売に乗り出します。

テスト販売で予約や問い合わせが少ないならば、商品・サービスの内容や広告に問題があるととらえ、改善して再度テストをしましょう。その際にチェックするべき数値は顧客獲得コストです。投資した広告費に対して何人の顧客を獲得できたか、顧客1人当たりの獲得コストをシビアに検証してください。

テストマーケが有効なのは、物販だけではありません。たとえば私の場合、「部分矯正」を主軸とする歯科医院事業の立ち上げの際にも同様のテストをしました。ホームページをつくり、予約が入るかどうかをテストしたのです。その結果、予約が入ってニーズが確かにあることがわかったので、歯科医院の開業準備を進めていきました。

■「同業者にモノ・ノウハウを売る」という発想でビジネスモデルを考える

新規事業を考える際に、おすすめしたいビジネスモデルは「ＢｔｏＣとＢｔｏＢの組み合わせ型のビジネスモデル」です。

実際にこれをやっているのが、ＴＳＵＴＡＹＡやＴポイントなどを展開するカルチュア・コンビニエンス・クラブ（ＣＣＣ）。同社では7千万人を超えるＴポイント会員の購買データを活用し、法人向けのマーケティング支援を行っています。

グーグルも同じです。個人向けのサービスを無料で提供し、データを集めて、そのデータを使って法人向けに広告などの有料サービスを販売しています。

このように、「ＢｔｏＣとＢｔｏＢの組み合わせ型のビジネスモデル」を確立できれば、両者のシナジー効果も発揮され、全体として強い会社になれます。

たとえば士業（弁護士や税理士など）、整体師、美容師、コンサルで、本業が成功していたら、次は同業者に売る商品・サービスがないかを考えてみます。美容師なら「美容室の集客コンサル」「美容室の経営講座の販売」などが考えられます。

物販や飲食などの場合は、フランチャイザーになって、ビジネスモデルをパッケージとして販売する方法も考えられます。

このように、**「同業者にものが売れないか」という視点で新規事業を考えてみましょう。**

すると、ＢｔｏＣとＢｔｏＢの組み合わせ型ビジネスモデルが生まれるかもしれません。

■自社独自のファネル設計

事業がある程度うまくいくようになると、あなたの会社の真似をする競合他社が現れるようになります。そうなった時に、ライバルの追随を許さないために、ビジネスモデルを変革する必要が出てきます。

たとえば、フロント商品の値段を極端に安くするか、無料にできないかを考えてみましょう。値下げするのはつらいのですが、自分が嫌だと思うことは、ライバルにとっても嫌なこと。**自社のビジネスモデルを一度破壊してまで、ライバルが嫌がることを率先してやる「自滅型ビジネスモデル」**にぜひ取り組んでみてください。

もちろんそれで採算が合わなくなったら意味がありませんから、たとえばフロント商品を無料にしても、その後必ずリピートしてもらえるようにするなど、ＬＴＶ（顧客生涯価

自社独自のファネル設計

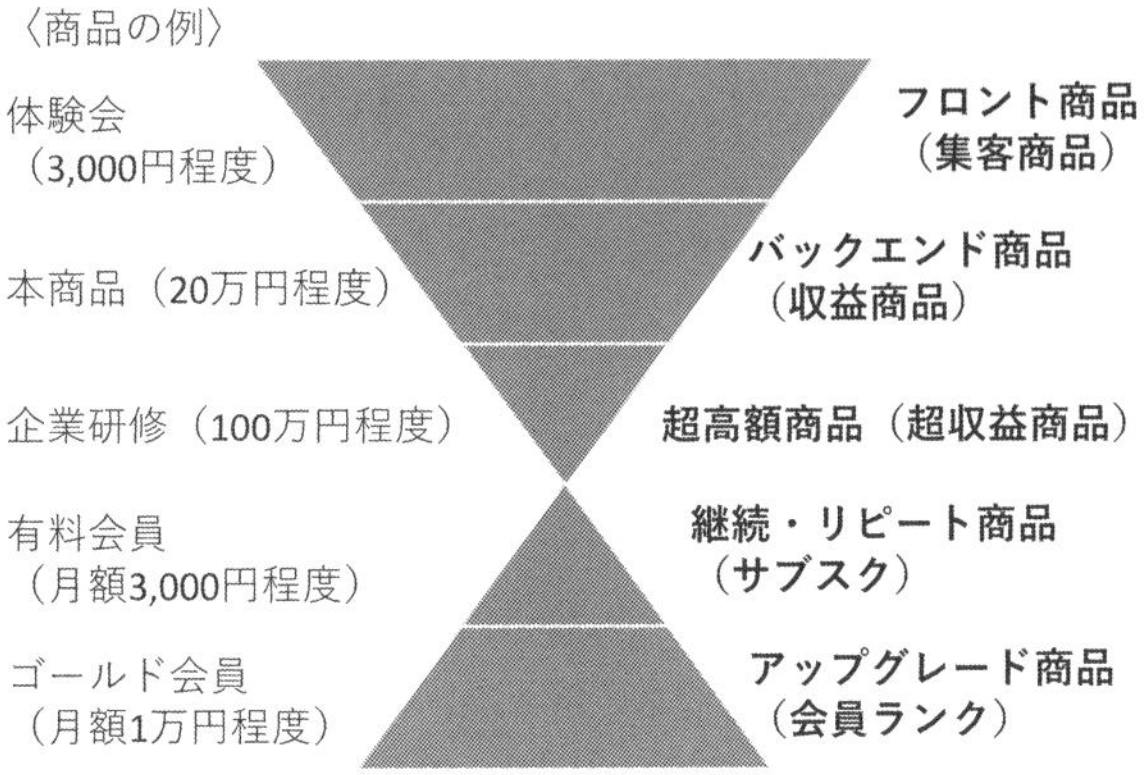

値）を最大化するための方策はきちんと考える必要があります。

その時に必要なのがファネル設計です。ファネルとは「漏斗」を意味し、フロント商品からハイエンド商品まで、顧客へ販売する商品のステップを示した図のこと。

この図のように、たとえば本当に売りたい商品が20万円だったら、そのフロント商品として、3000円の体験会を行うという構造です。私がおすすめしたいのは、本商品よりもさらに単価の高い超高額商品をつくること。たとえば企業研修などです。

さらに、下側の三角形のように、継続・リピート商品も考えるとよいでしょう。有料会員制度をつくる、有料会員制度の上位グレードをつくるなどです。

逆三角形と三角形で「ファネル設計」をすることで、収益につながる機会をあますところなく捕捉できます。新規事業を創る際にはぜひ考えてみてください。

■タイムマシン経営を実践しよう

タイムマシン経営とは、海外で成功したビジネスモデルやサービスをいち早く日本で展開する経営手法のことを指します。海外で流行っている商品は、3年から5年遅れて日本で流行るケースが往々にしてあるので、その時差を利用する戦略です。

たとえば靴のネット通販サービスで上場企業でもある「ロコンド」は、アメリカの靴ネット通販「ザッポス」のビジネスモデルを日本で展開して成功しました。セブンイレブンも、アメリカで誕生したコンビニのシステムを日本に持ち込み、成功しました。

もちろん海外から持ち込む際には、文化や習慣の違いを考慮してアレンジする必要があります。

たとえばインドでは、米国発の配車サービス「Ｕｂｅｒ」を真似した、「Ｏｌａ」というサービスがありますが、そこで配車されるのは車ではなくバイクです。インドではバイクの台数のほうが圧倒的に多いからです。

タイムマシン経営を実践するには、海外の動向に目を光らせて、常にリサーチしておくことが大事です。**特に参考になるのは、シリコンバレーなどのスタートアップ企業で大型資金調達に成功したサービス**です。大型の資金調達ができたということは、将来の成長が期待されているということ。同じビジネスが日本でも成功する可能性があります。

海外動向は、ネットなどの情報だけを頼りにするのではなく、ぜひ現地に行って調査してみてください。シリコンバレーに知り合いがいれば、その人に案内してもらってもいいでしょう。いない場合は、シリコンバレーを巡るビジネスツアーに参加するのもいいですね。

02 商品・サービスを改良改善するうえでのポイント

■効果を最大化するアンケートの設計

年商1～5億円の会社の商品企画では、消費者や顧客を対象としたアンケートの活用が大きなポイントになります。商品企画のアンケートとしては、目的別に「商品企画用」「商品改善用」「マーケティング・販促用」の3種類があります。

アンケートにおいてはどんな質問をするかが非常に重要。それぞれのアンケートを実施する際に、必ず記載したい質問項目をご紹介します。

〈商品企画用のアンケート項目〉

・○○の悩みに関して、一番つらいことは何か？【悩みの分解】

・○○の悩みを一番気にする時はいつか？【悩みのタイミング】

・○○の悩みはいつからなのか？【悩みの深さ】
・○○の悩みを解決するために、今までしたことは何か？【悩みへのアプローチ】
・○○の悩みは何が原因だと思うか？【悩みへの固定概念】
・○○の悩みを解決したら何をしたいか？【悩みによる行動障害】
・○○で本当はやりたくないが、イヤイヤやっていることは何か？【強制行動】
※選択質問においては、「どれが良いか？」ではなく、「どれが嫌か？」と聞く

商品開発用のアンケートでは、対象者の悩みを深く探っていきます。

たとえば、「顔汗に悩んでいる」だけでは不十分なので、「その悩みに関して一番つらいことは何か？」を聞くことで、「メイク崩れ」という悩みが浮かび上がってきます。このように掘り下げた質問を設定し、対象者の真の悩みを特定してください。

なお自由回答式ではなく選択式の場合は「どれが嫌か？」を選ばせるようにします。人は「どれがいい？」と聞かれるよりも、「どれが嫌？」と聞かれたほうが、あまり悩まずに答えられるからです。

〈商品改善用のアンケート項目〉

・当社の商品・サービスを利用して一番満足した点は何か？【商品の強み】
・当社の商品・サービスを利用して一番不満だった点は何か？【商品の弱み】
・当社の商品・サービスを知人や友人にすすめたいか？（10段階）【満足度調査】
・当社の商品・サービスでの改善点があれば教えてください【商品の改善点】
・当社の商品・サービスは最大でいくらの価値があると思うか？【価格価値】
・当社の商品・サービスがなくなったら困りますか？【must have 確認】
・こんな機能やサービスがあったら良いなと思うものは？【nice to have 確認】

既存顧客に対して行う商品改善用のアンケートでは、満足した点と不満だった点を質問します。満足した点は商品のＵＳＰ（強み）の再確認になりますし、不満点は改善に生かせます。

「最大でいくらの価値があると思うか？」という質問は、価格と価値のバランスを探る質問。価格に対して価値が高ければ割安だと感じてもらえているということ。商品の値決めをするうえでも、価格価値を把握することは重要です。

〈商品販促用のアンケート項目〉

・○○の悩みを解決するために検討した手段は何か？【間接競合の確認】
・○○の悩みを解決するために××の手段を選択した理由は何か？【手段の決め手】
・××の手段のなかで比較検討した商品・サービスは何か？【直接競合の確認】
・当社の商品・サービスを購入しようと思った一番の理由は？【購買動機の確認】
・当社の商品・サービスを利用して一番良かった点は？【USPの確認】
・当社の商品・サービスを利用して一番不満だった点は？【商品改良の確認】
・当社の商品・サービスを利用した後にどのような変化があったか？【効果の確認】

商品販促用のアンケートはホームページやLP、広告などをつくる際に活用します。間接競合（エステと美顔器など）とその手段を選択した理由、直接競合を確認していきます。

後半の4つの質問は、商品やサービスの購入前から使用後までの質問が時系列に並んでいます。このように時系列で聞いていくことで、ビフォー・アフターを把握できます。効果の確認では、「数値的な変化」「生活の変化」「心の変化」の3つを聞いていきます。

アンケートで得られたこれらの答えは、顧客の声として販促に生かすことができます。

なおアンケート結果の分析は、手作業でやると大変です。そこで「AIテキストマイニング」（textmining. userlocal. jp）などのテキストマイニングツールを使ってみましょう。自由記述や口コミのテキストをAIが処理し、「頻出語」や「特徴語」を抽出してくれるツールです。抽出結果として出てきた言葉は、アンケートの分析結果として使えるだけでなく、販促物のキャッチコピーなどにも活用できます。

■潜在ニーズを見つけるGDI手法

消費者の潜在ニーズや深層心理を探るのに最適なGDI（グループダイナミックインタビュー）と呼ばれる手法があります。これを実施するのもいいでしょう。

GDIは、実際のユーザーを集めて座談会のような形式で行います。あまりに人数が多いと話をせずに終わってしまう人が出てくるので、最大8人程度を対象にします。

そして2時間～3時間かけて、テーマに沿って参加者同士で自由に話をしてもらいます。司会者が1人1人に質問していくというスタイルではありません。

テーマは「あなたが抱える悩み」「他社商品を使用した際の不満」「本当はやりたくないけど、仕方なくやっていること」など。1テーマごとに15分～20分くらい話し合ってもらいます。

ＧＤＩを実施することで、アンケートでは得られない、リアルで細かいユーザーの要望を拾い上げることができます。

■商品企画の商標・特許戦略とは？

商品企画を進める際にやっておかなければならないのは、商品名やサービス名、ブランド名、ロゴマークに関する商標を取得することです。せっかく苦労して考えた商品名などをパクられないようにするためです。

パッケージデザインなどの商品デザインに関する意匠登録も実施するようにしましょう。また、システムやソフトウェアを扱う商品の場合はシステム特許を、世界展開を考えている場合にはＰＣＴ（世界特許）を出願する必要があります。

特許は取ることも大切ですが、本当に重要なのは出願することです。実は特許を取得してしまうと、商品の中身を全部外部に公開することになってしまい、ライバルに手の内を明かすことになるので、あまり好ましくありません。ライバルはその特許をすり抜けるようにして、類似商品をつくればいいからです。

むしろ「出願中」の状態が続いたほうが、他社からは中身が見えないので好都合です。ライバルは、どこにどんな特許が潜んでいるかわからないので、むやみに動くことができません。特許を「出願中」にしておくことは、ライバルが進もうとしている道に地雷を配置するような作戦といえます。

なお、独自のビジネスモデルで特許を取る「ビジネスモデル特許」は、取得難易度が高く有効性が低いので、出願する必要はありません。たとえば、ペッパーフードサービスの「いきなり！ステーキ」は、「ステーキの提供システム」でビジネスモデル特許を取得していますが、その特許を回避するかたちでライバル会社も同様の業態を出店しています。特許の中身が一度分かってしまうと、どのように潜り抜けたり、回避したりすれば良いかが分かってしまうわけです。

■ロングセラー商品をつくるポイント

長く売れ続ける商品をつくるために意識したいのは、「C／Pバランス」です。これは、『30年売れて儲かるロングセラーを意図してつくる仕組み』（梅澤伸嘉 著／日本経営合理化協会）の中で紹介されている考え方。Cは商品コンセプト、Pは商品力を指します。

C/Pバランスを意識する

C＞P　一発屋の商品

C＜P　物は良いのに売れない商品

C＝P　ロングセラー商品

このどちらか片方が大きいと、一発屋商品、もしくは物はいいのに売れない商品ができてしまいます。マーケター出身の人などは、コンセプトに磨きをかけるのは得意なのに、商品力には無頓着だったりします。ものづくりが得意な職人気質の人はその逆で、商品力を高めることしか意識していなかったりします。どちらか一方ではだめで、両者のバランスを取ることが大事です。両者のバランスがいい商品は長く売れています。

売れる商品は、ユーザーに感動を与えます。「あまり期待していなかったけど、実際に使ってみたらすごくよかった」という体験を提供できると、リピートしてもらうことができ、口コミも自然に広がっていきます。

そして、C／Pのバランスは継続的に改善していくことが大事です。**市場の変化に合わせてコンセプトを変え、商品を磨き続けることで、C／Pの最大化を図りましょう。**

03

マーケティング戦略に磨きをかけて、楽にセールスする

■離脱させないサイトづくり

成長期におけるマーケティング戦略において重要なウェブの活用について解説します。

あなたの会社が商品をウェブ上で販売しているのなら、ＥＦＯ（エントリーフォーム最適化）対策にぜひ力を入れてください。

エントリーフォームとは、ユーザーが購入や申し込みを行う画面のこと。その離脱率は平均49％といわれます。エントリーフォームまで到達しているのに、購入や申し込みをせずに離脱するユーザーが半数もいるということです。

このエントリーフォームを改善するだけで、成約率が2倍になるケースもあります。

ＣＶＲ（コンバージョン率）を上げたいなら、ＬＰに手を加えるよりも、エントリーフォームを最適化するほうが手っ取り早く効果が上がります。

通販やECビジネスにおいてEFOは重大な問題。特にスマホでのフォーム離脱はPCよりも多いので、スマホからのアクセスが多い業態ほどEFO対策に力を入れる必要があります。

・入力→確認→完了というシンプルな3ステップ遷移にする
・確認画面は、アップセルやクロスセルをするために存在するので、アップセルやクロスセルをしない場合は、入力→完了の2ステップが理想的
・完了画面でも、お礼のメッセージだけを表示するのではなく、アップセルとクロスセルを図って受注単価を上げていく

といった点に気をつけて、最適なエントリーフォームを設計してください。

■ＫＰＩを設定する

ウェブ上での購入にしても、会員登録などの申し込みにしても、いくつかのＫＰＩ（Key Performance Indicator：主要業績評価項目）を設定して、その推移を観測することが大切です。ＫＰＩ設定の例を次の表に挙げてみました。

各項目の意味は次の通り。まず平均客単価は売上を顧客数で割ったもの。平均リピート

KPI設定例

平均客単価	数値
平均客単価	5,000円
平均リピート回数	5回
LTV（顧客生涯価値）	25,000円
上限CPC（上限クリック単価）	50円〜70円
CVR（コンバージョン率）	1%
CVs（コンバージョン数）	1,000件
営業成約率	100%
CPA（1アクションコスト）	5,000円〜7,500円
CPO（顧客獲得コスト）	5,000円〜7,500円
月額広告予算	500万円〜750万円

回数は、平均客単価の顧客が、1年間に何回リピート購買しているのかという数値です。平均客単価と平均リピート回数をかけ合わせた数値がLTVになります。

上限CPCは、リスティング広告やFacebook広告を出稿した際のクリック単価です。

CVRは、ホームページを訪問したユーザーのうち、どのくらいがコンバージョン（商品購入、資料請求など）に至ったかという数値です。CVsはコンバージョンに至った件数そのものを指します。

営業成約率は、資料請求した人のなかで、実際に成約（購入）に至った割合です。

CPAは1アクション（メールアドレスの登録、資料請求など）の獲得にかかったコスト、CPOは1人の顧客（1件の注文）の獲得にかかったコストを指します。

こうした各種ＫＰＩの設定の結果、月額広告予算を割り出すことができます。

どのようにＫＰＩを設定すべきかは、商品や価格によって異なります。

たとえばこの表に入っている数値は、化粧品ＥＣサイトでのＫＰＩ設定例です。前提条件は次の通り。

- １ステップ（資料請求やフロントエンド商品などを挟まずに直接購入する）の商品
- 平均客単価５０００円
- 平均リピート数５回
- 月間新規獲得目標数１０００件

この前提で各ＫＰＩを考えていきます。

平均客単価５０００円と年間平均リピート数５回を掛けたＬＴＶは２万５０００円となります。

ＣＶＲは、商品購入サイトの目安である１％に設定しています。

コンバージョン数は、月間新規獲得件数の１０００件を記入しています。

年商１～５億円

この商品は1ステップで購入してもらう商品なので、営業成約率は100%です。

次にCPAとCPOですが、このケースは1ステップ商品で、アクション＝注文になるので、両方で同じ数値が入ります。CPAやCPOの数値は、LTVに20〜50%を掛けて割り出します。これを何%に設定するかは経営者の判断によります。商品に対する原価を考慮して、1アクションの獲得に、いくらまで広告費を許容できるのかを考えてください。この事例では20〜30%と設定しているので、5000〜7500円になります。

CPA・CPO5000〜7500円で1000件獲得したいわけですから、広告予算は500万〜750万円必要になるということです。

最後にクリック単価です。CPA5000〜7500円にCVR1%を掛けて、50〜70円のクリック単価で広告を打つ必要があるということがわかりました。

「1000件の注文を取るのに、どれくらいの広告予算が必要ですか？」と聞かれることがありますが、それはCVRや獲得コスト次第ということ。この表を参考に、自分でKPIや広告予算を設定できるようにしてください。

■セミナーセールスの極意

士業やコンサル業の人に最適な、セミナーセールスの手法について解説します。

気軽に参加できるフロントセミナーを開催して、そのバックエンドとして本商品を販売するという流れは非常に効率が良い営業手法です。

フロントセミナーのポイントは、無料ではなく有料で行うこと。無料セミナーの参加率は一般的に7割程度と低くなりがちです。3000円から5000円程度の料金に設定すると、参加率が高くなります。

人数は30人未満が最適。それ以上多いと、バックエンド商品の成約率が落ちます。

フロントセミナーはリアル開催でもいいですし、オンラインでも構いません。ただしオンラインセミナーの場合、真面目に聞いてくれる人が少なくなってしまいます。そこで、事例をたくさん出したり、参加者と掛け合いをしたりして、飽きさせない内容にします。

時間は2～3時間くらいにして、後半30分～1時間はセールスに充てます。

セミナー終了後には、「当日申込特典」や「当日申込限定価格」を用意して、その場でのクロージングを図ります。

なお、セミナー参加申し込みを受けた後は、当日まではステップメールを配信してセミナーへの期待値を高めておくことが大切な手法です。

■ファクスDMを成功させるコツ

販促の手法は何もインターネットだけではありません。ファクスもあります。

「今どきファクスなんて……」と思うかもしれませんが、BtoBビジネスではファクスDMはまだまだ有効な手段です。

ファクスDMが読まれるかどうかの最大のポイントは、タイトルにあります。タイトルですべてが決まるといっても過言ではありません。ファクスDMを実施する際には、先に紹介したキャッチコピーのつくり方などを参考にし、タイトルを入念に考えてください。

原稿の作成は、ファクスDM配信サービスを提供している会社に依頼してもいいのですが、手直しは必要です。丸投げでうまくいくことはありません。

もう1つ、**ファクスDMのレスポンスを高めるために有効な方法は「無料DVDプレゼント」を付ける**こと。

無料ＤＶＤを特典に付けますが、実はこれを発送しても多くの人は面倒くさがって見てくれません。しかし、人の心理として「無料ＤＶＤプレゼント」とあると、「無料ならもらっておこうか」と思うものです。

送っても見てもらえないならどうすればいいかというと、無料ＤＶＤの中身をまとめた小冊子を一緒に送ればいいのです。ＤＶＤはなかなか見てくれませんが、小冊子ならすぐに手にとってパラパラと見てくれます。

さらに小冊子の本当に見てほしいページに付せんを貼っておきます。受け取った人は、付せんを貼ったページを必ず開いてくれます。

ファクス送信先リストは配信サービス会社でレンタルします。１件当たり１～２円のコストで利用可能です。

ファクスＤＭを実施する際は必ず、２パターンの原稿を用意して、ＡＢテストを行うようにしてください。パターンＡとパターンＢ、１０００通ずつファクスして、どちらの反応がいいかを見て、反応の多いほうをほかのユーザーにもファクスするようにします。

送った結果、「ファクス不要」と連絡が来た先は、次回からその宛先には絶対に送らないようにしてください。送ってしまうとクレームが発生して、トラブルや企業イメージの悪化につながります。

■顧客ポートフォリオマネジメント

　顧客にもいろいろなタイプがいて、商品を買ってくれるサイクルや購入金額は異なります。そんな顧客を分類し、それぞれの顧客に適切なアプローチをかけることで売上を上げる手法が「顧客ポートフォリオマネジメント」です。通販企業「やずや」の大番頭であった西野博道さんが考案した手法で、『社長が知らない秘密の仕組み　業種・商品関係なし！絶対に結果が出る「黄金の法則」』（橋本陽輔著／ビジネス社）のなかで紹介されているものです。

　上の図をご覧ください。縦軸は、顧客が購入した金額、横軸は顧客の在籍期間（初回購入日から最終購入日までの期間）を指します。この図のように、顧客は「初回客」→「よちよち客」→「流行客」または「こつこつ客」のステッ

4ステップでの成長過程

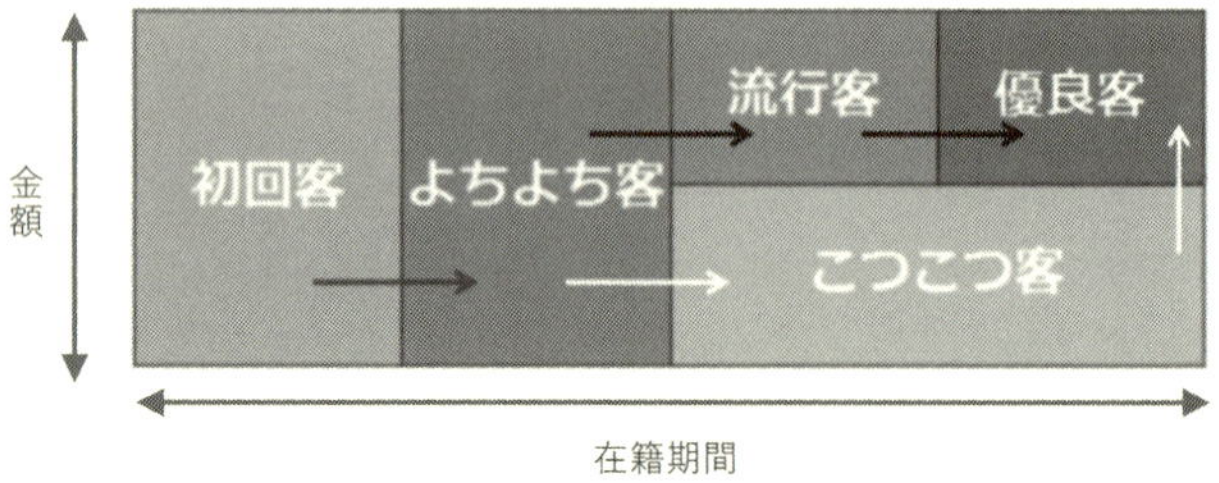

プを経て「優良客」に成長します。

流行客は短期間で買ってくれる人、こつこつ客は、何度も少しずつ買ってくれる人。いずれのケースもやがて優良客に育つ可能性があります。

では優良客に育てるには、どちらのルートがいいのか。理想は、「こつこつ客」から「優良客」になるルートです。

流行客は割り引きやキャンペーンに反応しやすく、他社へ浮気することが十分にあり得るからです。したがって、流行客はなるべくつくらないようにすることが大切です。

反対にこつこつ客は、
・会社や商品が本当に気に入っている
・安売りやキャンペーンに安易に飛びつかない
・まとめ買いせずに、長く付き合う傾向
・流行客と比べて離脱率が低い
・心（人間味）に反応する傾向が高い
などの特徴があります。こういった特徴を踏まえて、こつこつ客を育てる戦略を実施してください。

04
金融機関から無担保無保証で借り入れする方法

■決算書で見るべきポイント

ステージ2の資金調達・財務戦略を考えていきましょう。そもそも財務戦略を考えるうえでは、決算書を理解しておく必要があります。特に経営者にとって大事なのは、BS（貸借対照表）です。BSを読む時のポイントを説明します。

左の図をご覧ください。BSは左右に分かれた表で、左側は「何に投資したのか」、右側は「どうやってお金を集めたのか」を表しています。

左側では、現金化しやすい順に、各項目が掲載されています。「現金預金」は一番上。次に現金化しやすい有価証券などの「流動資産」は真ん中。現金化に時間がかかる不動産などの「固定資産」は一番下に位置しています。

BSの構成

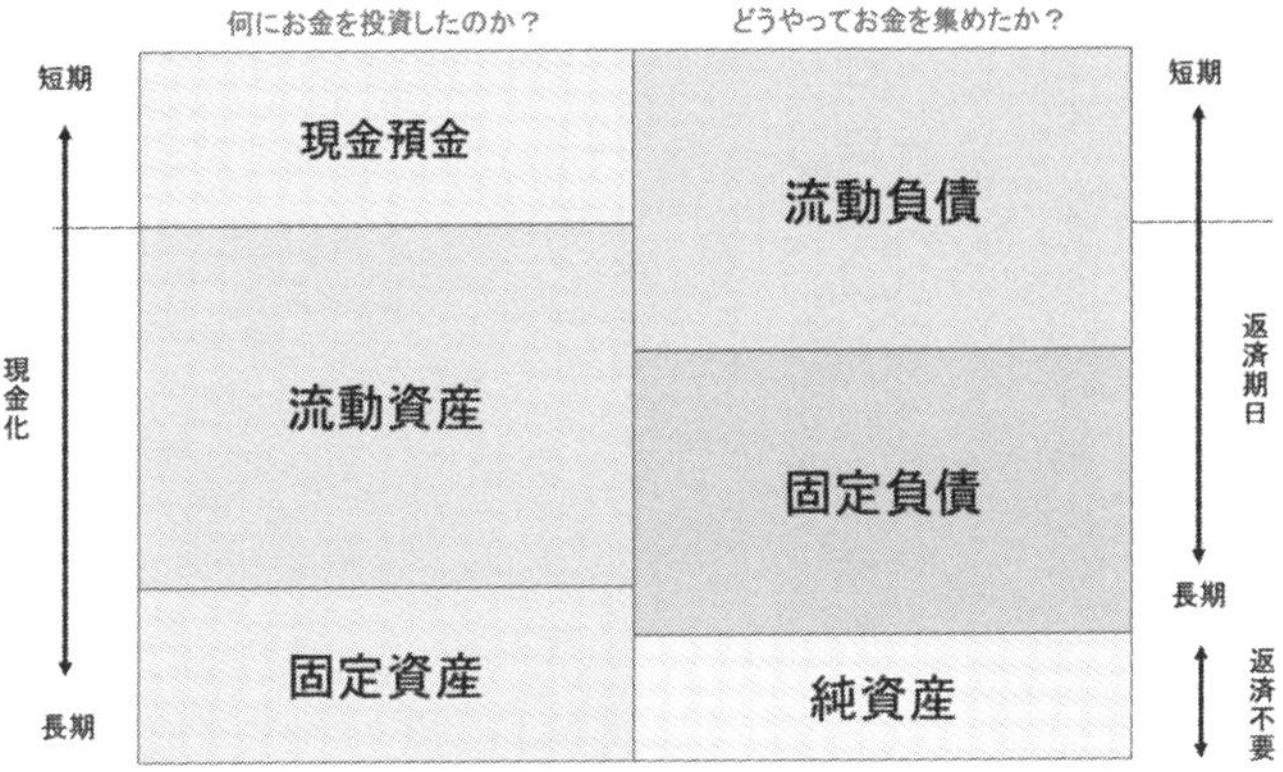

右側には、返済期日の短い順に、お金の調達手段が並んでいます。取引先への買掛金や未払い金などの「流動負債」は、すぐに返済しなければならないので一番上。銀行からの借り入れなど、長期で返していく「固定負債」はその下に載ります。

一番下の「純資産」には、会社設立時の資本金などが載ります。資本金は返済不要のお金なので、一番下に位置しているということです。また、1年間の経営の結果として出た利益剰余金も、この「純資産」の部に載ります。会社の経営年数が長く、利益が積み重なると、この純資産が厚くなっていきます。

この基本をおさえたうえで、以下の点を毎月チェックしていきましょう。

・現金預金がいくらあるか
・納めるべき消費税（仮受け消費税と仮払い消費税の差）はいくらか
・流動比率（流動資産／流動負債×１００％）はいくつか。２００％以上が理想。１００％未満は危ない
・自己資本比率（純資産／総資産×１００％）はいくつか。20％以上が理想
・利益剰余金（過去に貯めてきた会社の利益の総額）はいくらか

会社を大きくすることは、ＢＳの高さを高くすることを指します。今、自社のＢＳの高さがどれくらいなのかを、常に把握するようにしてください。

■会社経営において無借金経営は罪

会社経営で大事なことは、無借金経営をしないことです。たまに、無借金を自慢している経営者もいますが大きな間違い。

会社は、売上があってもキャッシュが枯渇したら死んでしまいます。キャッシュをたくさん集めて、それを投資して、高いリターンを得ることが経営活動の基本です。効率の良

い経営をするにはキャッシュを潤沢に持っておく必要があります。無借金でもキャッシュがないならば、会社として健全な状態とはいえません。

したがって、**無借金経営を目指すのではなく、実質無借金経営を目指す**ようにしましょう。実質無借金とは、借金以上に現金を保有している状態です。実質無借金状態なら、いつでも借金を完済できるので、リスクがなく安定しています。

また、今まで一度も金融機関から借金したことがない会社は、信用がゼロの状態です。したがって、いざという時に大きな額を借りることができません。その反対に、少しでも借りて、返済をした実績があれば、次も借りやすくなります。金融機関に対する実績をつくり、信用を高めておくためにも、あえて借りることが大切です。

借り入れの際は、1つではなく複数の金融機関から借りるようにします。その際、借りる順番を意識してください。具体的には、①日本政策金融公庫、②商工中金、③信用金庫、④第2地銀、⑤第1地銀、⑥都銀やメガバンクの順です。

①②は政府系の銀行で借りやすく、無担保無保証と条件もいいので、最初に借りるようにします。そのうえで③④⑤と、徐々に大きな金融機関と取引していきます。⑥の都銀・メガバンクは最後に攻めます。そもそも年商10億円以上の会社しか相手にしてくれないか

らです。
ちなみに私の場合、次のような順序・金額で金融機関から融資を引きました。

《金融機関との実際の取引》
①日本政策金融公庫から無担保で3000万円
②商工中金からプロパー・無担保で1億円
③京葉銀行からプロパー・無担保で7000万円
④きらぼし銀行からプロパー・無担保で5000万円
⑤群馬銀行からプロパー・無担保で5000万円
⑥りそな銀行からプロパー・無担保で5000万円

■無担保無保証で借りるための極意

社長の個人保証を付けて会社の資金を借りた後、もし会社が倒産したら、社長個人がその借金を返さなければならなくなります。そのような苦しい状況に陥らないためにも、無担保無保証で借りるべきです。

そのために大事な点は、業績好調時に借りること。「晴れている日に傘を差しだして、雨の日に取り上げる」のが金融機関です。お金に困っている会社には貸してくれませんし、お金がある会社には「借りてほしい」と向こうからお願いに来るものです。したがって、**業績が好調に推移し、前期の決算が良い時こそ借り時です。たとえ資金の必要がなくても、できるだけたくさんお金を借りて、悪くなった時に備える**ようにしましょう。

なお現在、金融庁が整備した「経営者保証に関するガイドライン」により、経営者保証なしで借りやすい環境になっています。金融庁や中小企業庁などのホームページにガイドラインに関する資料が載っていますので、これらを参考にして、無担保無保証で借りやすい経営状況をつくってください。

また、借り入れ前には、帝国データバンクに決算などの情報を提供しておくことも大切です。金融機関はお金を貸す時に、このデータを必ず調査するからです。

借りる順番は前述の通り、政府系金融機関が先。たとえば商工会議所の「マル経融資」は、無担保無保証で最大2000万円借りられます。このような制度を利用しましょう。

民間金融機関から受ける融資は、大きく分けて、信用保証協会の保証が付いた「保証付き融資」と、金融機関が自らの責任で融資する「プロパー融資」があります。

このうち借りやすいのは保証付き融資ですが、８０００万円という上限があります。そのため、まずは上限がないプロパー融資を無担保無保証で借り、それ以上、借りられなくなったら最後の手段として、保証付き融資を使うようにします。

なお融資を受ける場合は、短期借り入れではなく、3年以上の長期での申し込みをします。長期借り入れは毎月の返済額が小さいため、資金面が安定するからです。

■経営計画発表会に金融機関を招待する

融資を受けやすくするための取り組みとして、経営計画発表会を開催し、その場に金融機関の担当者を招待しましょう。

経営計画発表会は、次期の事業計画を発表する場。決算月の翌月上旬に、ホテルやセミナールームを借りて、全社員を参加させて開催します。

その場に、金融機関の担当者はもちろん支店長も招待します。融資取引がある金融機関だけでなく、給与振り込みなどで少しでも付き合いのある金融機関はすべて呼びましょう。

当日は、前期の事業計画の振り返りと次期事業計画についてプレゼンします。また、その内容を冊子にまとめて、社員や銀行関係者に配布します。

経営計画発表会を開催し、業績好調な様子や将来の成長性を見てもらうと、金融機関担当者の見る目が変わります。私もメガバンクの支店長を招待したところ、会の終了後すぐに「融資したい」と申し出をもらったことがありました。非常に効果的なのでぜひやってみてください。

05 評価制度や賃金制度を導入する

■新卒採用を始めよう

年商1～5億円規模になると、大切になってくるのがチームづくりです。スタッフを増やさなければ売上規模も大きくなりません。採用に力を入れていきましょう。

中小企業の採用というと、中途採用を思い浮かべる人がほとんどですが、実は新卒採用に力を入れるべきです。中途採用よりも新卒採用のほうが、優秀な人材を獲得できる可能性が高いからです。

新卒採用でおすすめは、成果報酬型の採用媒体を活用することです。1人当たり60万円～80万円のコストで新卒人材を獲得できます。

新卒採用にあたっては、会社説明会を開く必要があります。**説明会では人事担当者ではなく社長自らがプレゼンし、会社をPRする**ようにしてください。社長の話に魅力を感じて入社してくれるケースもあるからです。

採用数は1人ではなく複数がおすすめです。同期の社員がいたほうが、社内で孤立しないからです。内定辞退も想定して、できれば3人以上に内定を出すのがいいでしょう。

内定を出したら、インターンとして入社日までアルバイトをさせるようにします。学生の都合もあるので、週1日でも構いません。インターンの間に、会社との相性を確かめてもらい、内定辞退を防ぐ効果があります。また、4月1日からいきなり仕事をさせるよりも、インターンで徐々に慣れていったほうが、本人の精神的負担が少なくなります。

入社後の新人研修を自社で実施するのが難しい場合は、採用媒体などが主催する合同新人研修などに参加させるといいでしょう。

■人事評価制度を導入しよう

新卒でも中途でも社員が増えてくると、人事評価制度が必要になります。社長の気分で役職や報酬を決めるのではなく、公平な制度を設けて評価してあげることが大切です。

まず前提として、人事制度に完璧なものはありません。そこは理解しつつ、会社と社員のお互いの納得性を最大限高められるような制度を目指してください。

何を評価して何を評価しないか、決まりはありません。社長として重視したい指針を持つことが大事。そのためにも、**自社の行動基準や行動指針などを明確にし、人事評価項目にもそれらの要素を加える**ようにしましょう。

評価項目には上司からの評価だけでなく、自己評価項目も入れるようにします。自分で目標を設定し、その目標をどれくらい達成できたのかをフィードバックする項目です。自分で掲げた目標に向かって頑張ることができれば、優秀な人材ということです。

また、定量的評価（売上や顧客獲得数など）だけでなく、定性的評価（効率よく仕事が進められているか、チームに貢献しているかなど）も項目として設けるようにします。

当然ですがこれらの評価項目は、等級や役職、職種ごとに設定することが大事です。

なお実際の評価は四半期に1回、1年で4回行います。

上司・部下・同僚からの評価を集める「360度評価」の導入はやめておいたほうがいいです。従業員同士の足の引っ張り合いになって機能しないからです。

■賃金制度と給与・賞与の設計

評価制度をつくる時には賃金制度の設計も必要になります。

ポイントとして、まず基本給は、昇給幅を小さくして、その分を賞与で還元する仕組みが有効です。勤続年数や年齢に応じて賃金が上昇していく日本の給与制度は、もう限界を迎えています。固定給の上昇幅は小さくしないとどこかで無理が生じてしまいます。固定給ではなく賞与で調整するようにしましょう。

基本給の設定においては業界水準を目安にするのも1つの手でしょう。基本給とは別に役職手当や等級手当を設定し、昇格によって昇給する仕組みにすることは社員のモチベーションアップに有効です。

賞与は、夏と冬以外に決算賞与を出すのも1つの方法。夏冬なしで決算賞与のみにする手もあります。

賞与原資は営業利益に連動して設定するのがいいでしょう。「営業利益の○%」と基準を決めておき、社員に公開すると納得感を与えられます。

その場合、営業利益が赤字なら賞与を出さないという考え方もありですが、下限金額（月給の0・5カ月など）を設けておくと社員は安心です。下限あり、上限は青天井にすると、社員のやる気につながります。

一番ダメなのは、社長の独断と偏見で給与や賞与を決めること。年商5億円の突破を目指すなら、ちゃんとした仕組みを導入してください。

■チームビルディングのポイント

5億円の壁を突破するには、チームビルディングが大切になってきます。突然ですが、あなたの会社においてこんな状況はあるでしょうか。

□メンバーは皆頑張っているが、自分の仕事の範囲を超えてやる姿勢がなく物足りない
□社長である自分が築き上げてきた仕事の質を下げたくないので、任せられない仕事が多い
□会社の成長とともに、ベテランと新人の意識のギャップが大きくなってきている
□社員同士が積極的に議論する社風にしたいが、発言が少なく皆がおとなしい
□社長が頑張らないと、会社の目標が未達になってしまうことがたびたびある
□社員の入れ替わりが激しく、今のやり方に問題があるのではないかと不安になる
□役割分担して目標も与えているのに、思ったほどのパフォーマンスと結果が出ていない

□仕事を楽しめる会社にしたいのに、社員たちは淡々と働いている雰囲気がある

これらに1つでも当てはまれば、あなたの会社は単なる『グループ』であり、『チーム』ではありません。

では、グループではなくチームにするにはどうしたらいいのか。大切なことは、チーム成長の4つのステージを1つずつ乗り越えていくことです。

次のページの図をご覧ください。『今いるメンバーで「大金星」を挙げるチームの法則『ジャイアントキリング』の流儀』（仲山進也 著／講談社）で紹介されている考え方です。

組織が「グループ」から「チーム」へと成長していくには、必ず4つのステージがあります。

●フォーミング（形成期）

グループを形成したばかりの時期。人を集めて、とりあえず役割分担をして、それに対してメンバーは、自分に与えられた仕事だけを淡々とこなしている時期です。ある意味で

チーム成長の4つのステージ

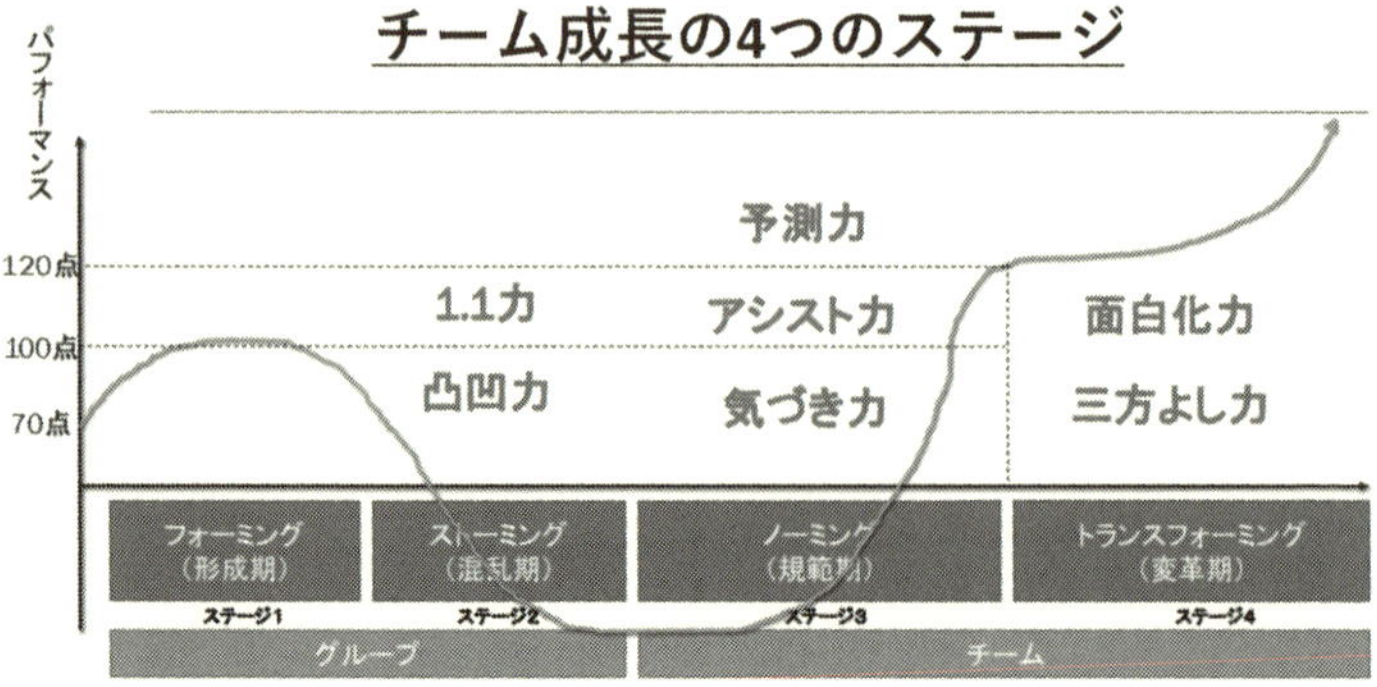

みんなが仲よく平和な時期といえます。

●ストーミング（混乱期）

仕事でぶつかり合いやいざこざが発生する時期です。これはとても重要な段階で、この時期を避けるのではなく、乗り越えることが大切。そのために必要なのは、次の2つの力です。

まず「1・1力」。イライラを相手にぶつけるのではなく、感情をコントロールして、いつもよりも1割ポジティブな雰囲気を出しながら接すること。各メンバーがこれを心がけると、1・1×1・1×1・1……で組織の雰囲気は大幅に向上します。まずは社長自身が1・5〜2倍くらいのポジティブで前向きなコミュニケーションを心がけてください。そのうえでメンバーにも、1・1倍以上のコミュニケーションを求めるようにしましょう。

次に「凹凸力」。メンバーの弱みと強みを補い合うことです。混乱期は、お互いの嫌な面ばかりが見えてしまいますが、強みに目を向けることが大事。社員合宿やグループワークを実施して、お互いの強みを認識しましょう。また、「なぜ○○したのか」「誰の責任だ」などという責任追及フレーズを使わない、というルールを導入するのもいいでしょう。

●ノーミング（規範期）

混乱期を乗り越えると、規範期に入ります。ルールや価値観・行動基準に気づいて、メンバーが連携を取り始める時期です。ここからさらに成長するために大事になるのが、「予測力」「アシスト力」「気づき力」です。

「予測力」は、メンバーが自主的に課題や解決策を探り、実施してくれる力。この力を高めるためには、会社のビジョンを共有しておくことが大事。また、自発的に判断してもらうために、会社として大切にする価値基準も明文化して、共有する必要があります。ビジョンや価値基準が明確だと、「会社の課題はこうだから、こういう行動をしよう」とチームメンバーそれぞれが予測して動けるようになります。

「アシスト力」は、リレーでバトンを確実に受け渡す時のように、お互いの動きを確認しながら連携して、相手を少しずつアシストする力。異なる部署間で連携しながら仕事をしたり、情報共有したりする機会を多くつくると、チーム全体のアシスト力が磨かれます。「気づき力」は、言葉の通り、答えに気づく力です。正解だけ教えてやらせていては、いつまでたってもチームは成長しません。社員に対して問いを与えて、しかし正解を与えずに自分たちで考えさせること。それが気づき力を高めることにつながります。

●トランスフォーミング（変革期）

規範期を超えると、チームのパフォーマンスが期待以上に発揮され、経営者が予測する以上の結果が出てくる変革期に入ります。ここで必要なのは「面白化力」「三方よし力」です。

「面白化力」は、ワクワクしながら楽しく仕事に向かう力です。「顧客にどんな価値を提供したら喜んでもらえるか」とチームで考える。そうすることで、相手の期待値を超える価値を提供できます。面白化力を高めるには、チームで楽しく盛り上がっているところを、コントロールしようとしないこと。たとえば商品企画プロジェクトなど、チームが楽しんで取り組むことに、口を挟まずに温かく見守ることが大切です。

「三方よし力」は、売り手よし、買い手よし、世間よしの「三方よし」を実現する力。売り手は自社、買い手は顧客、世間は社会のこと。この三方よしをチームメンバーが個々に考えられるようになれば最強です。社長のなかで思っていることはあるかもしれませんが、チームで考えさせ、答えを出させることが大切です。

この4つのステージのうち、多くの会社では混乱期までしか達していません。形成期から混乱期に入って、ぶつかり合うようになったら、それを避けようとしてチーム分けなどをしてしまい、その結果また形成期に戻ってしまうからです。

しかし本当は混乱期を避けずに、混乱させたほうがいい。そうしないとチーム力が上がらないからです。

そしてチームになったら、規範期、変革期へとステップアップして、よりパフォーマンスの高いチームを目指してください。これが実現できるかどうかが、年商5億円を超えられるかどうかの境目になります。

あなたの会社はこの4ステージのうち、どのステージにいるでしょうか。そして、組織にとって今どんな力が必要か、考えてみてください。

06
社長がボトルネックとなり会社が伸びない理由

■過去の成功が未来の足枷になる

青年期の会社がさらに成長するために、経営者に必要なマインドセットをお伝えします。

1つめは、過去の成功を捨て去ることです。

青年期は、年商0円からガムシャラに頑張って、ある程度の成果が得られた段階です。「このままいけばもっと成長できるだろう」と思ってしまいがちですが、その考え方が実は足枷になります。

今までのやり方では、年商5億円、10億円を突破するのは難しいということです。

実際に年商5億円あたりが1つの壁になり、なかなか突破できないという現象は必ず起こります。その理由は、社長1人の力で突破しようとしているからです。そこから先は、社長1人の能力でなく、チームの能力を最大限発揮する必要があるのです。

そのために必要なことは、**社長自身が、自分の役割が今までとは変わったと認識すること**です。自分が頑張るのではなく、社員を教育し、成長させ、鼓舞して、大きな成果を得るという旗振り役を、社長が務めなければならないのです。

また、細かいところでいえばKPIも変わってきます。たとえば年商1億円までの段階では、CPA（顧客1人を獲得するのにかかるコスト）を重視してインターネット施策を展開してきたとします。しかし、さらに大きく成長していくためには、CPAでは測れない指標、たとえば会社や商品のブランディングなども意識する必要が出てきます。

今の会社が未来に向けてもっと成長していくために、何が必要か。過去の成功体験にとらわれずに考えてみてください。

■年商がいくらになっても人と金の悩みはなくならない

年商1億円を超えて2～3億円になって、「これが10億円になったらいろいろな悩みはなくなるんじゃないのかなあ」という幻想を抱きがちですが、それは大きな間違い。

年商が5億円でも10億円でも、悩みはなくなりません。おそらく100億円、

1000億円になっても同じでしょう。大企業の決算書を見てみれば、「売上が伸び悩んでいるな」「資金繰りが大変そうだな」などと苦労している様子がうかがえます。お金だけでなく人の悩みも同様です。社員数が増えれば、それだけ悩みも増えます。

年商がいくらになっても、人とお金の悩みは尽きないと覚悟してください。

■プレイヤーとしての優秀さとマネージャーとしての優秀さは違う

「名選手、必ずしも名監督ならず」という言葉もあるように、プレイヤーとして優秀な人をマネージャーにしてみたら、成果を出せなかったということは往々にしてあります。プレイヤーとマネージャーでは求められることが異なるからです。

経営者はもともと、プレイヤーとして優秀な人がほとんどです。会社員時代にプレイヤーとして優秀だったから、独立を志すわけですから。そして実際に年商0～1億円の段階までは、自分が中心的プレイヤーとして活躍して、うまくいくことも多いでしょう。

しかし、人を採用し、チームをつくり、会社をさらに大きくしていこうという段階で、いろいろな問題が起きがちです。その原因は経営者自身がマネージャーになりきれていないことです。自分がプレイヤーとして優秀だから、部下にも同じような優秀さを求めてしまい、それができない部下を歯がゆく思うことも多いでしょう。

そんなプレイヤー的なマインドセットを改める必要があります。あなたの会社がこれまで成長してこられたのは、あなたがプレイヤーとして優秀だったから。しかし、**これからはマネージャーとして振る舞い、成功を収めなければなりません。**

人にはそれぞれ強み弱み、得手不得手、いろいろな個性があります。それらの凸凹をパズルのように組み合わせて、1つにまとめてチームとしての成果を出させることがマネージャーの役割。そこを強く意識して、組織運営に当たってください。

■社長のお客様は社員

社長にとってお客様は誰でしょうか。お金を払ってくれる顧客のことを指すのは当然なのですが、それに加えて、社員も顧客だという感覚を持つようにしてください。

会社が大きくなり、社長の仕事がマネジメント中心になると、顧客とのコミュニケーションは社員が中心となります。会社の規模が大きくなればなるほど、社長が直接顧客と対応するケースは減っていきます。

その社員が、たとえば会社のなかで理不尽な扱いを受け、つらい思いをしながら働いていたらどうでしょうか。顧客に対して最高のサービスを提供できるような心の余裕は生まれませんよね。つまり、社員に対する会社の扱いが、そのまま顧客対応にも出てしまうということです。

であれば社長は、社員のことも顧客だととらえて接するべきでしょう。すぐにはそう思えないかもしれませんが、少しずつ、社員を顧客ととらえられるように、意識を変えていってください。

■耳の痛いことを言ってくれる社員を傍に置く

中小企業、特にオーナー会社の社長は基本的に「裸の王様」です。社長が白と言えば、黒いものも白になる。その意見に誰も逆らえません。

しかし、社長の「裸の王様」状態が続く限り会社は伸びません。それどころか、会社が抱える問題が見えなくなり、いずれどこかで足をすくわれます。

社長が独断でスピーディーに物事を進めていくべき局面もまだまだありますが、それでも、「常に自分が正しい」という考えは捨ててください。そして、社長にとって耳の痛いこと、反対意見を堂々と言ってくる人を大切にしてください。

私が社員によく言っていたのは、「いい報告は上げてくるな。悪い報告だけ上げてくれ」ということです。

耳の痛い情報は、聞いていて腹が立つのですが、それこそが会社にとって優先的に対処すべき問題です。だからこそ覚悟して、耳の痛い情報を集める必要があるのです。

そんな情報を上げてきた社員に対して、叱ったり、責任を追及させたりするのは言語道断。社員は二度と、悪い情報を報告しないようになってしまいます。

悪い報告を聞くのは嫌なことですが、真摯に受け止めて向かい合い、解決するためにはどうすればいいんだろうかと、前向きに考える姿勢が必要です。

時にはイライラして感情が爆発しそうになることもありますが、そこをグッとこらえて、問題から目を背けずに真摯に向かい合いましょう。そして、そんな情報・意見を積極的にくれる部下を、自分の側近にしてください。

そうすることで、次のステージへの道を切り拓いていけます。

第4章

年商5～10億円

【成人期】の経営戦略

01 ビジネスモデルを強化して勝ち続ける方法

■フロントは値下げ、バックエンドは値上げ

年商5～10億円の成人期にあたる企業が、さらに成長を遂げるためには、ビジネスモデルの変革を進めていく必要があります。

多くの会社では、「フロント＋バックエンド」の2段構えで商品を提供する戦略を実施していると思います。たとえば集客目的のお試し商品と、利益を生み出す本商品を組み合わせる商品戦略です。このビジネスモデルを見直しましょう。

具体的には、フロント商品は値下げ、バックエンド商品は値上げをすることです。

ライバル企業も増えてくるなか、勝ち続けるために、フロント商品を値下げすることでユーザー層を広げ、集客ボリュームの拡大を図ります。

反対にバックエンド商品については値上げをします。その際は、一気にではなく、徐々に実施します。

お手本は東京ディズニーランドの1日券です。その値段は、オープン当初の1983年には3900円だったのが、2020年4月には税込み8200円になりました。それでも人気を維持しています。これと同じように、じわじわと値上げをしていきましょう。

たとえば、販売価格1000円、原価500円の商品が1万個売れた時、売上高は1000万円、粗利は500万円、粗利率は50%です。

この商品を1250円に値上げして、販売量が7200個に減ったとしたら、売上高は900万円になりますが、粗利は540万円、粗利率は60%とともに増加します。

値上げをしたことで利益を増やすことができるわけです。

■ダウンセルとクロスセル設計

さらに値上げしたバックエンド商品と合わせて、ダウンセルとクロスセルでほかの商品も販売していきましょう。

ダウンセルとは、低価格版の商品を提案すること。バックエンド商品が10万円なら、その価格では手が出ない人のために5万円などの商品を用意します。これにより、予算都合で購入を見送る顧客にも購入してもらうことができます。

一方クロスセルとは、本商品に関連した商品を提案すること。ハンバーガーでいえば、「ポテトをご一緒にいかがですか?」と提案するアレです。クロスセルによって平均購入金額と平均購入点数をアップさせることができます。

クロスセルでは、スピードアップや効果アップを前面に押し出して売るのが有効です。たとえば、「あごニキビの治りをより早くするために、インナーケアアプリを販売する」といったかたちです。

インターネット上で販売するビジネスなら購入完了ページで、対面で販売するビジネスなら注文を受ける際に、クロスセルを必ず実施してください。

ダウンセルとクロスセルをうまく組み合わせて、売上をアップしつつ、利幅を確保していきましょう。

■真似できないビジネスモデル創り

ビジネスモデルを強化し、他社が真似できないものにしていくことも大事です。そのために効果的なのが、複数の事業を組み合わせること。

たとえば私が売却した会社では、「スマホマーケティング事業」「化粧品・健康食品通販事業」「歯科医院経営事業」を展開していました。

スマホ事業では、スマホ集客という強みを持っていました。この強みを生かして、自分たちで仕入れた商品をインターネット上で販売したのが通販事業でした。通販が成功した様子を見て、同業他社からスマホ集客の依頼が入ってくるなど相乗効果が生まれました。

また、歯科医院のスマホ集客をお手伝いした経験を生かして、歯科医師と提携して医院経営事業を始めました。医院経営が軌道に乗ったら今度は、歯科医師と協力してデンタルケアに関する商品を開発し、通販事業で販売をしました。


このようにして、3つの事業でお互いにぐるぐるとシナジーを発揮させることで、他社に真似できないビジネスモデルを実現していました。だからこそ勝ち続けることができ、売上を大きく伸ばすことができたわけです。

1つの事業を突き詰めるのもありですが、3つ以上あったほうがリスク分散になります。シナジーを発揮できる事業を複数展開することにチャレンジしてください。

■事業を再定義することが大事

5～10億円の成人期では、「事業の再定義」も重要になります。どういうことか、具体的に説明しましょう。

商品のライフサイクルや事業のライフサイクルは短くなる一方です。ほかの業界で新しい商品・サービスが生まれた結果、自分の業界がマイナスの影響を受け、事業そのものが立ち行かなくなることもあるでしょう。

そのような環境変化に対応するためには、事業を広い意味でとらえておくことが大事になります。事業の定義が狭いと、企業規模も小さくなってしまうからです。

たとえば自社の事業を「ホームページ制作」ととらえると、それしかサービスは提供できません。しかし、「販売促進・プロモーションの支援」と枠組みを広げると、パンフレット制作や動画制作、広告運用など、取り扱う商品も広がります。

したがって、今一度、自分が取り組んでいる事業の定義を見直してください。**「顧客に提供できる最大の価値は何か」を突き詰めて考える**と、事業の再定義ができるはずです。

そして、その価値を提供するために何ができるのかを考えれば、提供する商品・サービスのアイデアはたくさん出てくるはずです。

かつて馬具メーカーだった「エルメス」は、今では世界的ファッションブランドになりました。これも事業の再定義の結果です。

ヒントは、「テクノロジー×自社商品・サービス」の発想で事業を進化させることです。ＡＩやＩｏＴなどの最新技術を活用することで、自社のビジネスを進化させられないか考えてみてください。

たとえば私は、「化粧品販売」事業を、「健康的な素肌をつくる」事業と再定義しました。そうすると、化粧品に限らず、健康食品、美容器具、美容家電、ＡＩ肌診断などへと、商品開発のアイデアも広がりました。また、「健康的な素肌をつくる」という考えが、会社のミッションとなり、対外的にはブランディングにもつながりました。

年商10億円の壁を突破するために、ぜひ「事業の再定義」に取り組んでみてください。

02

商品企画にスタッフを巻き込む

■ 商品企画にスタッフを巻き込もう

年商1～5億円までの段階では、社長1人が商品開発を担っているケースが多いです。しかし、5～10億円の成人期においては、社長1人ではなくスタッフも巻き込んで商品開発をすることが必要になってきます。

日々の業務のなかで、顧客に接している時間が多いのは社長よりもスタッフです。そんな営業担当者やカスタマーセンターの担当者などを、商品開発に参加させましょう。日々の業務のなかで得た、顧客からの要望やクレームなどを活用して、商品の改善や新商品の企画に生かしてくれるはずです。

まずは、フロント商品ではなく、クロスセル商品やアップセル商品の企画を任せてみることから始めてみましょう。フロント商品は、市場環境や業界動向を把握して、勝てる商品を作り込んでいく必要があり、商品開発のハードルが高めだからです。

商品企画チームは社長を含めて最低3人からスタートさせましょう。**経験値や業界・商品知識の有無よりも、やる気を重視してメンバーを選んでください。**商品企画・開発は大変な業務であり、最後までやり遂げるには何よりもやる気が必要だからです。女性向け商品・サービスの場合は、女性スタッフをアサインすることも大事です。

「商品企画開発部」などの部署をつくらなくても大丈夫。社内プロジェクトとして立ち上げ、メンバーには現在の業務と兼務させるといいでしょう。

商品企画に携わったメンバーは、商品に対して愛着が湧き、販売の際にもやる気を出してくれるようになります。そういった点もプロジェクトを立ち上げる効果といえます。

■ジョイントベンチャーでの商品企画

商品企画・開発をジョイントベンチャーで行うことも検討しましょう。

その際は、互いの強みと弱みを補完できる関係にあるパートナーと組むことが大切です。両社が同じ強みを持っているケースだとあまりうまくいきません。

たとえば、「商品企画力があるA社と、商品開発力があるB社」「良い商品を持っているA社と、マーケティング・セールスが強いB社」といったジョイントが有効です。

ジョイントベンチャーの成功の鍵は、契約内容よりも人間関係にあります。「この人と一緒にビジネスをやりたい」といった人間的側面を重視して、相手先企業を選ぶことを意識してください。

ジョイントベンチャーがうまくいかない時もあります。そんな時を、どう乗り越えるかがターニングポイントです。お互いに踏ん張って乗り越えられればジョイント先との絆が深まります。

ジョイント相手候補は、ビジネスマッチングサイトや経営者向けイベントなどで探すといいでしょう。

また、「ライセンシングエキスポ」などの展示会に参加して、商品開発に活用できるアニメキャラクターやブランドを探してみるのもいいでしょう。有名アニメとのコラボ商品は瞬間的に売上を上げるのに有効な手段です。

■既存顧客と商品企画開発する方法

顧客を巻き込んで一緒に商品開発する方法もあります。「商品アイデアプロジェクト」といったかたちで顧客に声を掛けて集まってもらい、座談会のような形式でアイデアを出してもらいます。

その場合、既存商品のファンや長年の愛用者に参加してもらうことが大事。ユーザーならではの視点で、すごく斬新なアイデアをもらえることもあります。プロジェクト参加者は多すぎても大変なので10名未満にしましょう。

ここでも企画にかかわってもらうのは、フロント商品よりもクロスセル商品やアップセル商品のほうがいいでしょう。

商品企画・開発に参加してくれた顧客を、「アンバサダー」に認定するのもいいですね。認定された顧客は嬉しいと感じて、口コミを広げてくれるようになります。

また、サンプルやお試し商品ができあがったら、プロジェクト参加者に商品モニターにもなってもらい、使い勝手など意見をもらいます。そこで出た意見を参考に、さらに商品の完成度を高めていきます。

既存の顧客だけでなく、インフルエンサーに携わってもらうのも有効です。インフルエンサーと組む場合は、集客力の求められるフロント商品の企画が適しています。商品がリリースされたら、ＳＮＳを通じて宣伝してくれます。

■商品ラインナップが増えたらＰＰＭ分析

事業規模が大きくなり商品ラインナップが増えてくると、売れる商品、売れない商品が出てきます。また、今後の成長性がある商品もあれば、期待できない商品もあります。すべての商品についてＰＰＭ分析してみましょう。

ＰＰＭ（プロダクト・ポートフォリオ・マネジメント）分析とは、商品・サービスを4つのポジションに分類して、商品ラインナップの最適化を図る分析方法。どの商品に経営資源を重点的に投資し、どの商品を撤退させるか、判断基準を得るために使います。

図をご覧ください。分類する軸は、市場成長率と市場シェアです。市場成長率が高く、その市場で高いシェアを取れる商品は「花形」。市場成長率は鈍化しているものの、高い

PPM分析とは？

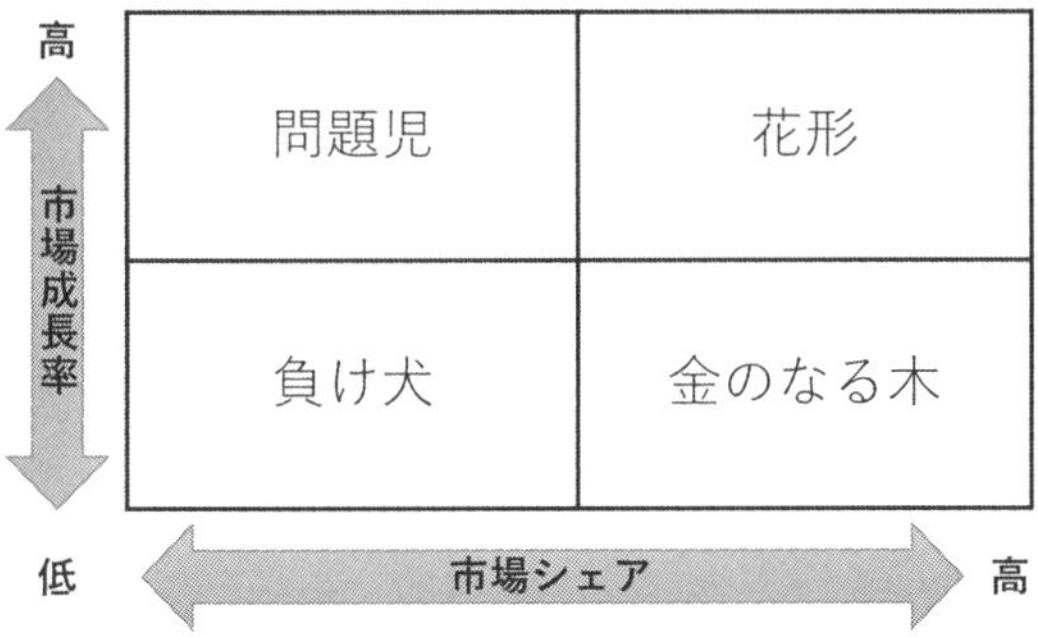

シェアを取れる商品は「金のなる木」です。

市場成長率が高いものの、シェアを取れない商品は「問題児」。市場成長率もシェアも低い商品は「負け組」です。

このなかで、今後リソースを投入して伸ばしていきたいのは「問題児」です。「花形」はいつまで「花形」でいられるかわかりません。いつかは売れなくなって、「負け犬」になるかもしれません。そこで、**「問題児」を次なる「花形」商品に育てるために、今から仕掛けをしていく**必要があるのです。

このようなかたちで、御社が取り扱っている商品をPPM分析で分類してみてください。自社がこれからどの商品をメインにとらえ、市場を勝ち取っていくかが明確になります。

03

有名人やインフルエンサーを活用したマーケティング戦略

■出版メディア戦略は権威付けに最適

年商10億円以上を目指していくにあたって、ぜひ実施したいマーケティング戦略の1つが出版です。

特に税理士、弁護士など士業を営む人は、必ず1冊は出すべきです。出版することで、その分野の「専門家」「先生」という権威を獲得でき、ブランディングに役立つからです。

出版には、著者の費用負担で本をつくる「自費出版」と、出版社の負担でつくる「商業出版」がありますが、自費出版はおすすめしません。最低でも100万円以上の費用がかかるからです。あくまでも商業出版で、費用をかけずに出すことを目指すべきです。

商業出版をするには、自ら企画書をつくって出版社に持ち込む方法もありますが、慣れている人のサポートを受けたほうが早いです。ただし、出版プロデューサーに依頼すると数百万円かかる場合もあるので、依頼する相手はよく選んだほうがいいでしょう。

本を出すだけでなく、できればベストセラーを目指したいところ。私がかかわった『瞬読』という本は10万部売れました。これは出版社の編集者が非常に優秀だったことが大きな要因です。どの出版社から出すかも大事ですが、それ以上に編集者の力量が重要です。

書籍を購入した読者が問い合わせをしてくれたり、商品・サービスを購入してくれたりする確率は非常に高くなります。また、その人のLTVは異常に高くなる傾向があります。

なお、電子書籍だけで出版することはおすすめしません。書店に並ぶ紙の本でないと、「権威付け」の効果が期待できないからです。

■マスコミ広報PR戦略に力を入れる

お金を使って出した広告の反応はにぶくても、第三者であるマスコミに取り上げられた記事は、大きな反応があることが多いです。人は、広告宣伝よりもメディアで取り上げられた話題を信用するからです。

そこで成人期のステージでは、マスコミ広報PR戦略に力を入れましょう。具体的にはプレスリリースを出すことです。といっても、出せばマスコミに取り上げてもらえるわけではありません。効果の上がるプレスリリースづくりは次の3ステップを意識してください。

●ステップ1　メディア関係者や記者が好むネタづくり

メディア関係者や記者が好むネタづくりをしましょう。必要なのは、社会性やトレンド要素です。

「今、社会ではこんなことが課題になっています」と世間の話題を入れつつ、そのうえで、「そのような課題を解決するために、我々はこんな取り組みをしています」というストーリーで、自社商品のPRにつなげるのです。

「世界一」「日本初」などの優位性を示す要素も好まれます。難しい場合は「○○県初」でもいいでしょう。地元メディアの目に留まりやすくなります。

●ステップ2　自社の商品・サービスに合ったメディア選定

プレスリリースの送り先は、どのメディアでもいいわけではなく、自社の商品に合ったメディアを選ぶことが大事。『マスコミ電話帳』『広報・マスコミハンドブック』といった本を使い、アプローチする先を探します。過去のテレビや新聞、雑誌の記事を調べて、自分の業界に関連するキーワードで、どんなメディアが取り上げているのかをリサーチして、取り上げられやすいメディアを狙い撃ちするのもいいでしょう。

●ステップ3　郵送でプレス原稿を記者に届ける

送り先は、会社あてではなく、担当者あてにします。各メディアをチェックして、自社商品に関連する記事があったら、記事を書いた記者の署名を確認しておき、その記者あてに直接送るわけです。テレビ番組なら、番組あてではなくコーナーあてに送ってください。メールやファクスは捨てられやすいので郵送がおすすめです。読んでもらえるかどうかはタイトル次第ですので、タイトルはよく練ってから決めてください。

私もこのステップを実践して大きな効果がありました。AIを使った美容系アプリをリリースした時に、新聞社やテレビ局30社に郵送したところ、大手経済紙、業界紙、業界誌の3社から取材を受け、記事になりました。その記事がきっかけとなり、ほかのメディアからも取材を受けたり、大手メーカーとの提携が決まったりしました。

■テレビ番組とのタイアップ戦略

テレビ番組に取り上げられることも大きな効果があります。といっても、全国のネットの番組に取り上げてもらうのはなかなか難しいのが現実。

そこで利用したいのが、お金を払って取り上げてもらうタイアップ番組です。ローカル局のタイアップ番組なら、60～70万円で出ることができます。

タイアップに力を入れているのが千葉テレビです。同局には、『ナイツのＨＩＴ商品会議室』『ホリプレゼンツ 求人任三郎がいく』『はなわのシャカリキ！』『魚住りえの会社を伝えるテレビ』など複数の企業タイアップ番組があります。

ほかの地域にも、ローカルテレビ局がタイアップ番組をつくっているケースはあるでしょう。テレビＣＭよりも圧倒的に安く、しかも宣伝効果の高いテレビ番組に出られるので、おすすめです。

■有名人・インフルエンサーを活用しよう

商品のブランディングや箔付けをするうえで、有名人やインフルエンサーを活用するのも有効な方法です。自社の商品をインフルエンサーのインスタグラムなどSNSに投稿してもらい、認知度を高めてもらうのです。また、「有名人のインスタに投稿された」という事実を、自社のサイトやLPに掲載することも効果があります。

有名人やインフルエンサーは、キャスティング専門の広告代理店に依頼してリストアップしてもらい、商品・ブランドのイメージや予算に合致する人を選びます。

たとえば私の会社では、化粧品販売事業で「あごニキビ」をケアする商品を宣伝する際、タレントの熊田曜子さんを起用しました。熊田さんはママさんでもあり、商品のターゲットと合致したためです。

テレビタレントなどだけでなく、文化人も選択肢に入ってきます。たとえば法律に関するサービスを展開しているのなら、有名弁護士などを起用するのもいいでしょう。

依頼するのは1人に絞る必要はありません。たとえば芸能人などの大物を1人、SNSで有名なマイクロインフルエンサーを数人というかたちでキャスティングするのもいいでしょう。**多くのインフルエンサーを活用すれば、盛り上がっている感が演出できます。**

■テレビCMに取り組む手順

年商5〜10億円のステージでは、テレビCMにチャレンジするのもいいでしょう。

といっても、テレビCMは広告費が高いですから、地方のローカル局で、放送枠の安いところからテスト的に始めるようにしてください。そのあたりの枠だと、100万円前後でCMを出すことができます。地方局のなかでも特に安いのは岩手放送です。東京エリアなら、TOKYO MXは比較的安いといえます。

CM用の動画は、AパターンとBパターンの2つ制作して、どちらが効果的かABテストしてください。そしてテストで勝った動画を、放送枠を広げて展開したり、全国ネット局で流したりします。

テレビCMの前にまずはタクシー広告を実施して、そこで当たった動画をテレビCMに活用するのも有効です。

テレビCMは1回やって効果が出るものではありません。一般的に、7回見られてはじめて効果が出てくると言われています。テレビＣＭを始めるからには、一定期間やり続ける覚悟が必要です。したがって、放送枠が安かったとしてもトータルではそれなりの予算が必要になります。テレビＣＭのために資金調達をすることも考慮すべきです。

テレビＣＭを少額の予算から始めるには、依頼する会社選びも重要です。大手広告代理店にいきなり頼んだりはせずに、ラクスルのテレビＣＭサービスを活用してください。同社が実施して効果を出してきたテレビＣＭのノウハウを、広く活用できるようにしたサービスです。放送枠の確保から動画の制作までトータルでサポートしてくれます。

テレビＣＭを実施すると、視聴者がネットで検索をするという流れが発生します。それを取りこぼさないために、ウェブでの受け皿を用意する必要があります。どんなキーワードで検索してほしいかを設定し、そのキーワードで検索した結果に自社の商品ページやＬＰが出てくるよう、ウェブの動線をきちんと準備しておいてください。

04

節税対策をして会社にキャッシュを残す方法

■複数の銀行口座を管理する

年商5～10億円の成人期になると、資金調達も重要ですが、お金の管理についても今まで以上に気を配る必要が出てきます。

このステージの企業規模になると、複数の銀行から融資を受けているのが普通です。そして、その銀行に口座を開設し、給与振り込みや取引先への支払いなどを行っているケースもあるでしょう。

そこで私がおすすめしたいのは、入金専用の口座と出金専用の口座を分けて運用することです。

たとえば社員の給与振り込みについては、専用口座をつくって、そこから振り込むようにします。もちろん社員の個人口座も、その銀行で開設させて、給与振込手数料が少しでも安くなるようにします。社員の給与振り込みや給与明細の発行を社長がやっている場合は、信頼できる経理担当に任せるようにしてください。

融資の取引がある銀行口座には、売上の入金が入るようにします。そうすることで、銀行に対して「事業が順調に推移している」と証明することになり、次回の融資につながるからです。

複数の銀行から借り入れがある場合は、税理士にお願いして、返済予定表と資金繰り表を作成してもらい、融資残高とキャッシュフローを毎月確認してください。

融資残高が半分くらいになったら、銀行に折り返し融資を打診します。たとえば3000万円借りて、返済が進み残高1500万円になったら、追加で借りたいと申し出るのです。再び1500万円借りてもいいですし、5000万円に借り換えてもいいです。

借りては返し、借りては返しを繰り返すことで、返済実績をつくっていきます。別の銀行に新規取引を申し込むよりも、すでに取引のある銀行に折り返し融資を申し込むほうが簡単ですし、融資枠も徐々に増えていきます。このようにしていくと、返済が終わることはないのですが、問題ありません。融資を活用しながらビジネスを成長させていけばいいのです。

■節税対策のポイント

ビジネスが軌道に乗って儲かり始めると、税務調査が入ります。税務調査は儲かっていない会社にはきません。そこで、できる範囲で節税対策をすることも必要です。

具体的な方法としては、次のようなものがあります。

「倒産防止共済」は、毎月20万円（年間２４０万円）まで積み立てできて、その全額を損金にできる共済制度です。いざという時には、積み立てた額を原資に、無担保・無保証で最高８０００万円まで借りることも可能です。

会社で「旅費規程」を作成していないのなら、作成することをおすすめします。旅費規程には出張手当や旅費手当などの金額を盛り込み、役員・社員が出張した時に手当を出します。これらの手当は全額損金になりますし、役員・社員にとっては所得税非課税の収入になります。社員をねぎらう意味でも有効です。

業績好調で大きな利益が出そうな場合、決算前に、必要な経費を使うようにします。たとえば広告宣伝を大きく使用すれば、翌期の事業の発展に生かすことができます。

なお、生命保険などの節税対策商品もいろいろありますが、どれもあまり効果はありません。保険料を支払った年には節税になっても、保険金を受け取った年には税負担が発生して、結局は税金の支払いを先送りしているだけだからです。

いろいろ説明しましたが、実は**会社に最も現金を残す方法は、節税対策を何もしないことです。**

ムダな節税をすれば利益を圧迫して、ＢＳの純資産が厚くなりません。純資産が増えなければ、会社は大きくならず、金融機関からの評価も高まりません。

節税対策をせずに、しっかりと税金を払う。そして利益剰余金を事業に回して、ビジネスをさらに発展させる。それが結局会社を大きくすることにつながります。年商10億円の壁を突破するなら、節税対策をしない。そういった意識改革も必要です。

■株主配当は受け取り方次第で税金が大きく異なる

経常利益から税金を支払い、残った税引き後利益は、利益剰余金としてＢＳに組み込まれます。株主配当を出す場合は、この利益剰余金から支払うことになります。

注意したいのは、上場企業株式なら株主配当にかかる税率は20％ですが、未上場企業株式の場合は最高税率55％と非常に高い税率になってしまうことです。

また配当を出すためには、株主総会決議をして、取締役会を開催して議事録を残す必要があります。

そこで、もし**会社から配当を受け取りたいなら、個人で受け取るのではなく、自分の資産管理会社か持ち株会社を設立して、その法人で受け取る**のがおすすめです。

１００％株主となっている資産管理会社で受け取った配当金には、「受取配当金の益金不算入」という制度が適用され、課税が免除されるからです。

また、将来の相続を見据えた場合も、資産管理会社の存在は有効です。

会社が大きくなり、１株当たりの価値が上がっていくと、相続財産も大きくなり、残された家族に巨額な相続税が発生することになります。しかし、資産管理会社を設立し、事業会社の株を持たせて、資産管理会社の役員に奥さんや子どもを据えておけば、相続税を発生させずに会社を引き継ぐことが可能です。

なお実際に対策を行う際は、税理士とよく相談のうえ進めてください。

■優秀なＣＦＯを採用しよう

年商5～10億円の会社になったら、経営管理、財務管理をきちんと行い、会社としての体制を整えていかないといけません。そのためにぜひやっていただきたいのは、ＣＦＯ(Chief Financial Officer：最高財務責任者)を据えることです。

ただし、財務能力や組織能力、管理能力など多様な能力が求められるＣＦＯを、社内の人材のなかから育てていくことはなかなか難しいといえます。そこで、外部の経験者を雇うことも考えましょう。

ＣＦＯ専門のエグゼクティブ人材紹介会社もあるので、そういったところに依頼するのが簡単です。業務委託でＣＦＯ代行事業を提供している会社もあります。なお上場を目指すのであれば執行役員(正社員)としてＣＦＯが必要です。

大企業で経営管理部の部長や課長を経験している人は、ＣＦＯを担える可能性があります。将来のＣＦＯ候補としてそういった人を募集するのもいい方法です。

05 ナンバー2を登用する際の基準とは？

■MVVを作成しよう

成人期のステージの会社になると、採用方法や組織についてそれなりに固まり、きちんとしたチームが形成されていることでしょう。その段階から、チームワークをさらに高めていくために必要なのは、MVV（ミッション、ビジョン、バリュー）です。

ミッションは「何のためにやるのか？」、ビジョンは「何を目指すのか？」、バリューは「何を大事にするのか？」を端的に表した言葉です。

有名企業など他社のMVVを参考に考えてみてください。**MVVに正解はないので、社長の信念や大きな夢をそこに込めるべきです。**拙い言葉でもいいので、まずはつくってみてください。そして、それを幹部や役員に見せて、一緒に話し合いながら、固めていきましょう。そういった作業がチームとしての一体感を高めることにつながります。

つくったビジョンは会社のステージに合わせて変えることもありますが、ミッションは変えません。ミッションは永遠に追求するものだからです。

バリューをつくったら、それを評価制度や人事制度の評価項目に入れることが大事です。標語を掲げただけで、現場がバリューに沿った行動をとらないのでは意味がないからです。

ちなみに私の会社では、次のようなMVVを掲げていました。

●ミッション『今この世にない商品・サービスを生み出していき、「本物の商品・サービス」を提供し続けていくことで社会に貢献していく』

●ビジョン『100年100億』

●バリュー『7つの行動指針が共通の価値観』

（7つの行動指針：①自ら考え行動し協力を仰ぎながら結果を残す　②うまくいった時は周りに感謝、失敗した時は自分の責任　③「なぜ？」と「どうすれば？」を常に自分に問いかける　④自分の仕事だけやれば良いは論外　⑤お客様は神様ではない　⑥人や物事の50%を見る　⑦2種類の約束を守る）

■ 経営計画書を作成して発表しよう

経営計画書とは、会社における憲法やルールブックのようなものです。新入社員を含む全社員に、会社への理解を深めてもらい、共通の価値観を醸成するのに有効なツールです。社長だけでなく役員、幹部、各部門長も巻き込んでつくっていきましょう。経営計画書はルールブックなので、理想論ではなく、確実に実行できるものだけを記載してください。そうしないと、「守らなくてもいいものなんだ」と思われてしまうからです。

具体的には、左のページにあるような内容を記載します。

作成したら、冊子に印刷して、全員に配布します。また配布するだけでなく、経営計画書をもとに社員教育を実施します。内容を1つ1つ理解してもらい、実行してもらうためにも、社長自らが経営計画書の勉強会を開催してください。勉強会は短時間でもいいので毎日実施するのが理想ですが、週1回・月1回からでも構いません。

また経営計画書は社内だけでなく、取引先にも配布します。特に融資を受けている金融機関に配布することは、さらに融資を受けやすくするためにも有効な手段です。

経営計画書に記載する項目の例

経営計画書を作る意味・目的／経営計画書の使い方／経営計画書メンテナンス／経営計画書の紛失について／創業のストーリー／企業年表／社長からの最新メッセージ／経営理念／関係者への約束／同意のサイン／思考行動指針／経営計画書の配布先／年度目標／経営判断の基準／事業部ごとの概要／会社組織の秩序について／組織で活動する目的／組織図について／部署の役割と責任／役職の役割と責任／職務権限について／人員配置、配置転換について／解雇・退職に関する方針／お客様に関する方針／クレームに関する方針／クレーマーに関する方針／共通の言語／人事評価制度について／採用に関する方針／社員紹介制度／社員教育の方法について／仕事のやり方／報連相について／社内生活のルール／会議に関する方針／物的環境整備に関する方針／情報の環境整備に関する方針／備品の取り扱い／交通費及び出張旅費規程／契約書の取り扱い／遅刻・早退・欠勤・代休・休職について／有給取得、休暇について／慶弔休暇について／残業について／コミュニケーションに関する方針／社員の人間関係／顧客との人間関係／取引先との人間関係／接待交際について／パワハラ、セクハラ、モラハラについて／利益相反について／健康管理について／SNSのマナー／ロゴのマナー／服装、持ち物のマナー／電話、接客の方針／メールの書き方／礼儀、あいさつ／取引先リスト／事故対応／災害対応（非常災害時の特例）／情報セキュリティー／社会貢献活動について／個人情報保護方針／カレンダー

■ハイクラス人材を採用しよう

会社を大きくするステージになってくると、即戦力となる優秀な人材がどうしても必要になります。採用にあたっては、ハイクラス専門の人材会社に依頼するのがいいでしょう。ヘッドハンティング会社に頼む場合は時間がかかるので、長期戦で臨んでください。

候補者があがってきたら、過去の経歴をチェックします。大企業で大きなプロジェクトを管轄し、ベンチャー企業を経験した人材は有望です。また、面接などの際に、自分ならどうやって会社を伸ばしていくのかをプレゼンしてくる人材も即戦力になります。

候補者とは面接・面談するだけではなく、食事に

行くなどして相互理解を深め、入社してくれるよう口説き落とします。

年収や業務内容で口説くのではなく、会社のMVVを熱く語り、そこに共感してくれる人を採用するようにしましょう。MVVに共感できないと、ハイクラス人材は振り向いてくれません。

また、社長だけでなく、会社の中心メンバーとも実際に会ってもらって判断することが大事です。

■ナンバー2に求められる要件

年商10億円を超える組織を創っていくために欠かせないのは、社長の右腕、ナンバー2人材です。有名企業や大企業の名経営者の背後には、必ず超優秀なナンバー2の存在があります。ナンバー2がいるからこそ、会社を大きくすることができるのです。

社長が、自分の次に信頼できると思う人材をナンバー2に据えてください。仕事の能力や実績はあって当たり前。そのうえで、信頼できるか、裏切らないかが重要です。

トップにヒントを与えて積極的にサポートするものの、自分が前面に出るのを好まない、黒子役のような性格の持ち主が理想。そういう人は、自己犠牲的精神で、会社のため、チームのために動いてくれます。また、社長の得意分野とは異なる分野を得意とする人だと、うまく役割分担ができます。

もし現在ナンバー2候補がいないのなら、若手を将来のナンバー2に向けて育成する必要があります。将来のナンバー2選びに向けて優秀な人材を採用するのもいいでしょう。ナンバー2の存在が、今後の発展を左右する大きなターニングポイントになります。

06

第2創業期という覚悟を持つ

■会社に神棚を設置する

現在年商5〜10億円のステージにいて、これから年商10億円の壁を突破していくために、社長にとって必要な思考・マインドセットをお伝えしていきます。

1つは、会社に神棚を設置すること。何も信仰をすすめているのではありません。

創業100年以上続いている長寿企業を調査すると、そのほとんどは神棚を設置しているそうです。**神事・祭事を大事にしている企業ほど長年にわたって繁栄していると、歴史が証明しているわけです。**経営の先輩方が続けてきた成功法則といえるでしょう。

神棚を設置したからといって何か効果があるわけではありません。ただ、神棚に向かって手を合わせて、「今日も1日ありがとうございます」と感謝を述べることで、気持ちが引き締まり、背筋も伸びる気がします。それは経営判断にもいい影響を与えるはずです。

ぜひ本社所在地の近くにある氏神様に行き、神棚の設置を相談してみてください。神棚が難しいなら、お札をもらって飾るだけでもいいでしょう。それも嫌なら、年始に幹部全員で正装して参拝に行くくらいは必ずやってください。

■恩感力と他喜力を鍛える

経営者として一段上のステージにいくために、「恩感力」と「他喜力」を鍛えましょう。

恩感力とは感謝や恩を感じる力です。人の恩に対して、素直に「ありがとう」と感謝を言える力です。

他喜力とは、他人を喜ばせる力。商売は顧客に喜んでもらってナンボです。顧客はもちろん、社員も、取引先も、会社にかかわるすべての人を喜ばせる。それが他喜力を発揮するということです。

具体的にどうすればいいかというと、簡単です。感謝の気持ちを声に出して相手に伝えることです。

感謝の気持ちを抱いたら「ありがとう」と言うのではありません。その逆で、他人のしてくれたことに対して、まず「ありがとう」と声に出す。そうすることで、自分の中で感謝の気持ちが高まっていくわけです。最初に感謝を口にするところがポイントです。

経営者としての器を広げるため、ぜひ恩感力と他喜力を意識してください。

■第２創業期という覚悟を持つ

0から1を創ってきた創業期は、いろいろな苦労もありました。その結果、ビジネスが軌道に乗り、会社の規模がある程度大きくなりました。

では、ここからはもう巡航モードで年商10億円の壁を越えられるかというと、決してそんなことはありません。ここからもう一度、創業期のような覚悟で踏ん張らなければ、壁は越えられません。それが第2創業期です。

第2創業期にやるべきことは、会社の仕組みを整えて、組織のレベルを一段階上げること。**今までは社長1人がエンジンとなって会社を引っ張っていたのを、これからはチームで一丸となって回していく**、そんなイメージです。これに1~3年かけてじっくりと取り組みます。

このギアチェンジには労力がいります。大変なこともたくさんあるでしょう。でも、そこでめげずにもう一度踏ん張ってください。第2創業期という覚悟を持って取り組めば、きっと乗り越えられるはずです。

■仕事も家庭も魂の鍛錬

会社の規模が大きくなると、予想どおりにいかないこと、大変なこと、つらいことがいろいろと起こるはずです。また、家庭・プライベートにおいても同様に、うまくいかないことは起こり得ます。

そのたびに、「何で私はこんな目に遭っちゃったんだろう」「自分は運が悪い」などとマイナスに考えていると、どんどん暗い気分になってしまいます。

「願わくば我に七難八苦を与えたまえ」という昔の人の名言もありますが、苦難は自分を成長させてくれるもの。苦難があることを嫌がるのではなく、むしろ感謝をするくらいの心持ちがあると、つらい思いに押しつぶされずにいられます。

私もいろいろな経験をしました。創業したばかりの頃は、会社の通帳に5万円しか残高がない状況に陥りました。会社が2つの派閥に分かれて社員同士がいがみ合っていたこともありました。信頼していた幹部が大金を横領したまま消えたこともありました。

その当時は、身を裂かれるようなつらい思いをしましたが、振り返れば笑い話です。すべてが自分を成長させてくれる経験でした。

経営者の仕事は、毎日が苦難の連続であり、魂の鍛錬の連続です。つらい出来事が降りかかってきたとしても、くじけたり絶望したりするのではなく、「これでまた一つ器が大きくなれるな」と、逆に感謝をするくらいの気持ちで立ち向かってはいかがでしょうか。

■悪い錯覚ではなくいい錯覚をする

「悪い錯覚」ではなく「いい錯覚」をしましょう。

「悪い錯覚」とは、たとえば「自分は勉強が苦手」などと思い込むことです。そのような思い込みがあると、当然、いつまでたっても勉強ができるようになりません。しかし「自分は勉強が得意」と思っていれば、たとえそれが錯覚だとしても、コツコツと勉強を続けられますし、やがて本当に得意になります。

漫画『ワンピース』の主人公ルフィは、「海賊王に、おれはなる！」と言い続けています。実際には海賊王になっていないのですが、それでも自分自身のなかではなりきって、それらしく振る舞って、リーダーシップも発揮しています。いい錯覚の例です。

私が大変尊敬している孫正義氏は、社長室に坂本龍馬のとても大きな肖像画を置き、それを見つつ、「自分が坂本龍馬だったらどう判断するか」「坂本龍馬だったらこう言うだろう」などと考えているそうです。本気で自分のことを坂本龍馬の生まれ変わりだと信じているのかもしれません。これも「いい錯覚」です。

「いい錯覚」にしても、「悪い錯覚」にしても、強く思い込めば脳が騙されます。その結果、知らず知らずのうちにその方向に向かって行動するようになり、結果もついてきます。であれば、「いい錯覚」をしたほうが得ですよね。

自社で掲げているビジョンや経営計画、営業目標に対する姿勢も同様です。「自分だったらできる。私はやれるぞ！」というい錯覚を持ってください。常にいい方向に自分の脳を騙せばいいわけです。

目指すべき目標を大きく掲げて、いい錯覚をして、スケールの大きな経営をしてください。

第5章

会社売却M&A

【卒業期】の出口戦略

会社売却をするタイミングとは？

■絶好調の時期に売る

経営者にとって会社の出口は、ＩＰＯ、売却（Ｍ＆Ａ）、承継、清算、倒産しかありません。この章では、売却について具体的に解説していきます。

まず、どのようなタイミングで売却するのがベストか。それは業績が右肩上がりに推移している時です。

多くの経営者は、業績不振に陥っている状況か、もしくは跡取りがいなくて困っている時に売却しようと考えます。しかし、そのようなタイミングでは、買いたいと思ってくれる会社がなかなか現れなかったり、現れたとしても安く買い叩かれたりしてしまいます。

銀行からの借り入れと一緒です。業績好調の時に銀行はたくさんお金を貸してくれますが、業績不調の時には貸してくれません。Ｍ＆Ａも、会社が業績好調の時が、会社の価値も高くなり、将来の成長性への期待から買い手も集まりやすいタイミングです。**業績絶好調の時期に売却を検討する**ようにしてください。

また、新しい経営陣や新しい経営スタイルで新規事業を始めたい時なども、売却に適した時期といえます。特定のコア事業に集中するために、コア以外の事業を売却するという判断です。ノンコア事業の売却も、業績好調の時期に検討したほうがいいでしょう。

売却にあたっては、会社が売れる状態になっていることが前提です。具体的には、社長がいなくても会社が回る仕組みが整っている状態です。社長に依存しすぎて、社長がいないと回らないような会社では、どこも買ってくれません。

したがってまずは、社長が不在でも会社が回る仕組みを整えてください。会社に極力出社しないようにして、自分がチェックしなくてもＰＤＣＡが回り、業績がきちんと確保できるかどうかを見極めてください。数カ月間やって問題がなければ、「社長がいなくても会社が回ります」と堂々と主張できます。

売却完了までの流れはこの後説明しますが、最低でも6カ月はかかるので、逆算で考えて準備をスタートしてください。

■会社売却までの流れ

会社売却までの流れは次の通りです。

①M&A仲介会社の選定
②M&A仲介会社と契約
③売却先候補の選定
④売却先の経営陣との面談
⑤基本合意契約の締結
⑥買収側によるデューデリジェンス実施
⑦最終譲渡契約書の締結
⑧クロージング

まずはM&A仲介会社をいくつかピックアップし、1つの会社を選びます。
次にその会社と契約します。契約にあたっては、社内外に情報が漏れないよう、「M&

A仲介契約」ではなく、「コンサルティング契約」というかたちで交わすことが多いです。

そして、契約したM&A仲介会社に売却先候補をピックアップしてもらいます。候補の一覧が出てくるので、そのなかから特にアプローチをしてほしい会社や、アプローチするべきでない会社を選びます。

そのリストに則って、仲介会社がアプローチを始めます。このステップにかなり時間がかかります。

興味を示す売却先候補が見つかったら、お互いのトップ同士で面談します。面談では、業務内容、業績、組織の状況など、さまざまな情報を伝えます。面談の後は会食がセッティングされることが多いので、ざっくばらんに話し合います。

その結果、相手が興味を持ってくれたら、話を詰めていきます。相手から質問・問い合わせが来て、それに対して資料を提出したり回答したりしていきます。そのようなやり取りがあって、お互いの「買いたい」「売りたい」という思いが合致し、売買金額もある程度固まったら、「基本合意契約」を締結します。

基本合意契約の後は、買い手側によるデューデリジェンス（監査）が行われ、財務や法務的に問題がないかを事細かにチェックされます。デューデリが済み、問題がないことがわかれば、最終譲渡契約書を締結し、クロージングとなります。

事業売却と会社売却の違いとは？

■事業売却なら仲介会社を通さずにもできる

会社そのものを売却するのではなく、特定の事業のみを売却する方法もあります。複数事業を展開するなかで、コア事業に集中したい時に、ノンコア事業を売却するケースが多いでしょう。

では具体的に、会社売却と事業売却ではどんな違いがあるのでしょうか。

まず譲渡対象ですが、会社売却では会社の「株式」を相手に渡します。それに対して、事業売却では「事業」を渡します。

売却金を受け取る対象は、会社売却の場合は「株主およびオーナー」です。オーナーの資産管理会社が株式を持っているのであれば、その資産管理会社に売却金が入ってきます。一方、事業売却では「現法人」、つまり会社にお金が入ってきます。

事業売却と会社売却の違い

	事業売却	会社売却
譲渡対象	事業	株式
売却益受取	現法人	株主及びオーナー
従業員・社員	雇用終了or転籍	雇用継続
債権者への通知	不要	必要

従業員や社員はどうなるか。会社売却の場合は「雇用継続」が原則です。一方、事業売却の場合、現在の雇用契約は買い手企業に継承されません。したがって従業員は、買い手企業と改めて雇用契約を結ぶ必要があり、その結果「転籍」となります。転籍を希望しない従業員は「雇用終了」となります。債権者への通知については、会社売却の場合はする必要があり、事業売却なら不要です。

私は過去に、会社売却も事業売却も経験していますが、大変さが大きく違うと感じました。当然、会社売却のほうが手間がかかりました。事業売却の場合は検討事項もそれほど多くはないので、仲介会社を通さずに、お互いの社長同士で話し合って実行することも可能です。

M&A仲介会社の選定ポイントは？

■仲介会社よりも担当者で選ぶ

どんなM&A仲介会社を選ぶかが、売却の成否を大きく分けます。そこで、M&A仲介会社選びのポイントを説明します。

まず、M&A仲介会社の過去のディール（取引）の規模や、強みとしている業種・業界を確認してください。M&A仲介会社もさまざまで、小規模案件を得意とする会社もあれば、大規模案件・国際M&Aを得意とする会社もあります。特定の業種・業界に特化してたくさん実績を持っているところもあります。自社と同じような会社を得意としている仲介会社のほうが、いい案件を持ってきてくれる可能性が高いといえます。

年商10億円を超える規模の会社売却であれば、おすすめしたいのは大手M&A仲介会社です。大手は、買い手候補の案件情報を多数持っているからです。上場企業だけでなく、非上場の大手企業、外資系企業も含めていろいろな会社とのパイプがあるので、たくさんある買い手候補のなかから、最適な会社を見つけてくれます。大手ですから手数料は高いのですが、有利な条件で売却できて、結局はお得になるケースが多いといえます。

Ｍ＆Ａ仲介会社の候補が見つかったら、大まかな売却額を算出してもらいます。その場合、必ず３つほどの会社に依頼してください。

その時、高い査定金額を提示してくれた会社を選びたくなってしまいますが、そこは注意してください。あくまでも査定金額なので、その通りに売れるとは限らないからです。

そして、**Ｍ＆Ａ仲介会社選びで何よりも大切なのは、担当者**です。

担当者の力量によって、Ｍ＆Ａがスムーズに進むか、高く売れるかが決まるといっても過言ではありません。

大手仲介会社に任せても、新人を担当に付けられてしまえば話はスムーズに進まないかもしれません。反対に小規模な仲介会社でも、担当者が経験豊富で優秀な人なら、すぐに売却が決まることもあります。

だからこそ担当者選びが重要なのです。そこで仲介会社と面談する時は、会社概要や得意分野を聞くのはもちろん、その担当者が過去に担当した案件やディール規模を詳しく聞き、その人に任せていいかどうかを判断するようにしてください。

■M＆A仲介会社との契約と報酬

M＆A仲介会社を1つに絞ったら、専任契約を結びます。複数の会社と契約を結ぶこともできますが、おすすめしません。

複数の会社と契約するということは、いろいろな会社に売却希望の情報が出回るということ。「あの会社は売却を検討しているらしい」などと業界内で広まってしまう可能性もあります。情報漏洩リスクを低減するためにも、専任契約にするべきです。

その場合、契約期間は原則として半年くらいに設定しておき、半年たって決まらないようなら別のM＆A仲介会社に変更するのも1つの方法です。

M＆A仲介会社に支払う手数料は、次のように、譲渡価格に一定の料率をかける「レーマン方式」を採用するのが一般的です。

《M＆Aの一般的な成功報酬計算》

・売買価格5億円以下の部分：5％

・売買価格5億円超10億円以下の部分：4％
・売買価格10億円超50億円以下の部分：3％
・売買価格50億円超１００億円以下の部分：3％
・売買価格１００億円超の部分：１％

基本合意契約の際に、この成功報酬の一部を「中間報酬」として支払います。

M&A仲介会社によっては、着手時に「着手金」として１００～２００万円が必要になるケースもあります。一方、最近では着手金が必要のない会社も増えています。どちらの方式を選ぶべきでしょうか。

これは難しい判断ですが、私は着手金ありのほうがいいと思います。着手金なしの会社の場合、積極的に買い手企業を探そうというインセンティブに欠けてしまうので、よほど魅力的な企業でもない限り、見捨てられてしまう可能性もあるからです。

着手金をしっかりと支払えば、M&A仲介会社も真剣に買い手を探してくれます。真剣さを見せる意味でも、着手金を支払うべきでしょう。

会社売却において重要なデューデリとは何か？

■さまざまな観点から徹底的に調査される

基本合意の後、買い手企業によってデューデリジェンスが行われます。デューデリジェンスとは買収監査のことで、最終合意契約の詳細な内容を調整する作業です。デューデリ、またはＤＤと呼ばれることが多いです。

ＤＤの結果次第で譲渡価格が変動したり、M&Aの話自体がなくなったりする場合もあります。したがって、買い手企業にとっても売り手企業にとっても、ＤＤは非常に重要なプロセスといえます。

ＤＤは次の３つの観点から行われます。

まず「ビジネスＤＤ」では、将来的な収益性、取扱商品・サービス、その商品がターゲットとしている市場環境、取引先などを調査します。マーケティング的な側面のＤＤといえます。

「財務・税務ＤＤ」では、決算書の内容や収益面を精査します。債務の有無や税務上のリスクについても詳しく調べられます。たとえば、日々の会計の内容を細かく見て、後々税務調査に入られて罷免されるリスクがないかなど、懸念事項を洗い出します。買い手企業が用意した会計士が実施するのが普通です。

財務・税務ＤＤは１日で終わるものではなく、何日かにわたって行われます。売り手企業としては、先方の会計士からいろいろな質問が出てくるので、それに対して迅速・的確に情報提供をする必要があります。

「労務・法務ＤＤ」では、買い手企業が用意した弁護士が、係争訴訟、退職金の問題、残業代の未払いなどの調査をします。

取引先との契約書の内容、取引先や消費者から訴えられていないか、従業員との雇用契約書・労働条件通知書などを洗いざらい調べます。従業員の履歴書を確認する場合もあります。

先方の弁護士からは、契約書の内容や労務リスクについて、さまざまな質問が出てきます。これにもきちんと答える必要があります。取引先との契約が著しく不利な条件で結ばれていた場合などは、契約のまき直しをするよう要求されることもあります。

特に残業代の未払いの有無についてはかなり厳しくチェックされます。未払いがあった場合、後で従業員から請求されるリスクがあるからです。

この段階で過去の未払いがあったとしても、過去にさかのぼってきちんと清算すれば問題なしとされるケースもあります。ただしその額が多額になると、買収金額から差し引かれることもあります。

当たり前ですが、ＤＤの際に買い手企業から出された質問には、ウソや隠し事をせず正直に答えなければなりません。本来の姿以上に大きく見せようとすることも避けてください。

把握している懸念点や問題点があれば、聞かれる前に話してしまったほうがいいでしょう。都合の悪いことだからと隠していると、後々大きな問題になります。

売却をゴールにした際に準備すべきこととは？

■会社売却を告知する時期と内容

会社の売却が決まったとして、その情報を社員にはいつ伝えればいいでしょうか。

それは、最終譲渡契約の締結日、つまりクロージングした後です。裏を返せば、**クロージングまでは、社員には絶対に内密にしたまま話を進めなければならない**ということです。

ただし、会社のキーマンやナンバー2には、最後まで秘密にすることはできません。先方の代表や役員と会ってもらう必要があるためです。買い手企業にとっては、せっかく会社を買ったのに、キーマンやナンバー2などの主要社員が抜けてしまっては意味がありません。主要社員がいるからこそ買いたいのです。

そこで、最終譲渡契約を結ぶ1、2週間前に、先方の社長や役員と顔合わせの機会をつくります。そして、会社を売却する意図や、相手先企業の紹介、雇用契約などについてしっかりと説明して、納得してもらう必要があります。

全社員に伝えるのは最後の最後。最終譲渡契約書を取り交わし、売却金額を受領したのを確認し、全部の手続きが終わってから、全社員を集めて告知します。

伝える際は、「売却」ではなく「資本業務提携」という言葉を使い、期待できるシナジー効果を強調して、社員を不安にさせないようにします。

社員が最も不安に思うのは、待遇や給与面が悪くならないかです。その点は変更がない、心配はいらないと念入りに伝える必要があります。

こうした説明は社長からしますが、その場には買い手企業の社長も同席します。最終譲渡契約を締結し、すでに経営者は変わっているわけですから、新社長として挨拶してもらうわけです。社員への告知内容は、買い手企業とも事前に打ち合わせをしておく必要があります。

なお、債権者や金融機関への告知は、クロージング後ではなく、基本合意契約後に実施します。

■売却益と退職金

会社を売却する際、売却金額はいくらぐらいになるのが普通でしょうか。

業種などによって異なりますが、**一般的に会社の売却額は、経常利益の3年~5年分が相場といわれています。**

売却額は、現金で支払われるケースだけでなく、株式交換のかたちで支払われるケースもあります。買い手側が上場企業の場合、株式交換で支払われることが多いです。自社の株式を全部渡し、買い手の上場企業の株式を対価として受け取ります。

受け取った株式は売却してお金に換えてもいいですし、将来値上がりすると思えば持っていても構いません。

買い手企業が未上場企業の場合は、売却額が現金で支払われることが多いでしょう。未上場の株式は、価値を適正に判断するのが難しく、また市場で自由に売却できないためです。

もし、売却と同時にどうしてもキャッシュがほしいというのなら、最初の段階から未上場企業への売却を検討したほうがいいかもしれません。

売却にあたっては、「ロックアップ」（キーマン条項）が設けられていることがあります。これは、M&Aの実施後も一定期間、売り手側の経営者が会社に残って、引き続き会社の経営に携わる条項のことです。売却後に経営者がいなくなって経営状態が悪化するのを防ぐための施策です。

ロックアップ期間は売却先によっても異なりますが、1年～2年が通例です。ただし交渉次第では、引き継ぎの期間の6カ月だけにするなどと短縮することも可能です。

また、ロックアップに際して「アーンアウト条項」が付されることもあります。アーンアウト条項とは、売却後に売り手側の経営者が引き続き経営に携わり、「業績がよかったら○億円、悪かったら○億円支払う」などの条件を付けることです。

なお、ロックアップの有無にかかわらず、社長が退職することになったら、会社の規程に沿って退職金が支払われることになります。つまり社長は、売却益と退職金の2種類の対価を得られるということです。

会社売却するための準備は、初期の段階から

■ゴールを見据えて準備する

すでに触れましたが、私はこれまでに会社売却を1回、事業売却を3回経験してきました。

そのなかで、一番大変だったのは会社売却です。会社売却は事業売却と比べて検討事項が多く、売却までの期間も長いので労力がかかります。

と同時に私の場合、途中で方向性を変えたことも、売却作業を困難にした理由の1つでした。最初はＩＰＯを目指して突き進んでいたのですが、途中でやはり方向性を変えて、売却を目指すことにしたのです。最初から売却を想定していなかったために、何も準備していませんでした。そのため、売る直前になってバタバタしてしまったのです。

一番大変だったのはＤＤです。財務・税務ＤＤにしても、法務・労務ＤＤにしても、指

摘事項がたくさん出てきたのです。その指摘事項に回答するために、契約書などの書類を提出しなければならないのですが、書類をきちんと保管していなかったり、そもそも契約書を交わしていなかったケースもあったりしました。

もしかしたら、あまりの手際の悪さに、売却の機会を逃してしまう可能性もあったかもしれません。

そこで思ったのは、**売ると決めてからいろいろな準備をするのではなく、最初から売却をゴールに見据えて会社を創っていく**ことの大切さです。

特に、ＤＤで監査される項目に関してはきちんと整備していくことが大事です。契約書などの書類をしっかりと管理して、従業員にはきちんと残業代も払い、会社の規模を大きくしながら少しずつ体制を整えていきましょう。

売却ではなくＩＰＯを目指している場合も同様に、経営管理体制の整備など必要な準備があります。

いずれにしても大事なのは、きちんとゴールを見据えて、そのゴールに向かって走り始めることです。ゴールに向けての準備を、初期から少しずつ始めていってください。

売却で得た資産をどのように生かすか

■再度、0から事業をスタートする

0からスタートして、苦労の末、年商1億円、5億円、10億円の壁を突破して、無事会社を売却することができたとします。その売却利益をどう使えばいいでしょうか？

お金の使い道は人それぞれですから、正解はありません。多額のお金が入ったから、パーッと使いたいという人もいれば、年齢的にもう引退してのんびり暮らしたいという人もいるでしょう。

使いもせずに貯蓄しておくだけ、というのは避けてほしいと思います。お金は経済の血液だといわれます。多額の資産を持った人が、お金を回さないで貯蓄しておけば、経済は活性化しません。

私の考えとしては、売却資金を次の事業に充てるのがいいのではないかと思います。全部とはいいません。売却益の3分の1くらいは、次の事業への投資に回してみてはいかがでしょうか。

3分の1ならば、最悪失敗しても、再起不能になるほどのダメージはありませんよね。もちろん成功すれば、さらに大きな資産をつくることができます。

0から立ち上げて会社を成長させた経験がある人なら、もう一度事業を始めても、きっと成功できるはずです。何度でも会社設立と売却を繰り返す、シリアルアントレプレナーを目指してみてはいかがでしょうか。

新しい事業を始めなかったとしても、何かに投資することが大事です。

若い起業家を資金面で応援するエンジェル投資家になるのでも構いません。資金だけでなく経営ノウハウや人脈の面からもサポートしてあげてください。もちろん資産の一部は、富裕層向けのプライベートバンクに資産を預け、さまざまな金融商品に分散投資するのもいいでしょう。

事業に投資をしたり、金融商品に投資をしたりしながら、世の中にお金を回し、日本経済の活性化に貢献していただければと思います。

おわりに

最後までお読みいただき、ありがとうございます。

年商10億円企業を創るために大事な6つの要素をお伝えしてきましたが、今現在のあなたのビジネスにおける状況によって、役立つポイントは変わってくるかと思います。会社の課題は、その時々の状況によって変化するものです。逆に言えば、課題がずっと同じというのは、成長していない証拠でもあります。

成長には必ず痛みが伴います。思春期に身長が一気に伸びる時に、膝などの関節が痛くなることがあります。これとまったく同じ現象が、会社や企業にも起こります。急激に成長している会社や企業は、外からは順調で良さそうに見られますが、実際の現場や中身というのは、ごちゃごちゃのカオス状態であることが多いです。

私自身も、創業1年目から2年目には、年商が4倍に一気に伸びたのですが、トラブルや課題だらけで非常に大変でした。

成長するということは、課題や難題が次々に勃発することでもあります。その課題や難題にぶつかった際に、是非とも本書を振り返ってください。おそらく、それらを解決するヒントがあるはずです。

また、会社のステージが、幼少期・青年期・成人期と変わっていくタイミングで再度読み直すのも効果的かもしれません。

さらに、活用できそうだと思ったことは、是非とも実行してみてください。読んだだけでは、結果は変わりません。すべてを実行できなかったとしても、1つや2つでも良いので、「これは！」と思ったものは、すぐに実行してみてください。それを繰り返していくうちに、気づけば、年商10億円企業を創り上げることができているはずです。

本書を活用することによって、あなたのビジネスが大きく発展することを心よりお祈り申し上げます。

松本　剛徹

松本 剛徹（まつもと・たかのり）
シリアルアントレプレナー（連続起業家）
慶應義塾大学環境情報学部卒業後、新卒で富士通株式会社に入社し、その後に株式会社DeNAに転職してモバイルマーケティングに従事。スマホ集客やマーケティングを専門にする会社として、2011年に株式会社リアルネットを創業。2014年には化粧品通販事業を展開して、事業を拡大していき年商10億円、利益1億円にまで成長させ、20代経営者のベストベンチャー30に選出される。2019年10月に大手企業に会社売却。
全10事業を多角的に展開し、経営する会社の年商規模は30億円超。事業売却、事業譲渡や会社売却も経験してきた。

○装丁・本文デザイン　二ノ宮匡（ニクスインク）
○ＤＴＰ　精文堂印刷
○企画協力　インプルーブ 小山睦男
○執筆協力　平行男
○編集　岩川実加

ゼロから年商《ねんしょう》10億円《おくえん》企業《きぎょう》を創《つく》る
3つのステージを突破《とっぱ》する6つの戦略《せんりゃく》

2021年3月30日　初版発行

著　者　松　本　剛　徹
発行者　和　田　智　明
発行所　株式会社　ぱ　る　出　版

〒160-0011　東京都新宿区若葉 1-9-16
03(3353)2835 ― 代表　03(3353)2826 ― FAX
03(3353)3679 ― 編集
振替　東京　00100-3-131586
印刷・製本　中央精版印刷(株)

ISBN978-4-8272-1273-0　C0034